城市轨道交通列车牵引与制动系统

（配实训工单）

主　编　袁　野　杜连超
参　编　吕娜玺　李元元　张亦农　耿　言
　　　　黄金桥　张宇辰　张海强
主　审　陈　祺

机械工业出版社

本书是面向城市轨道交通车辆技术相关专业"列车牵引与制动系统"课程的工作手册式教材。内容涵盖"教学标准"中对本课程要求掌握的全部知识点。本书主要内容包括牵引系统认知、牵引系统设备结构与原理认知、制动系统认知、制动系统设备结构与原理认知、牵引与制动控制系统认知。

本书内容紧跟技术发展，摒弃趋于淘汰的技术形式、设备结构等内容，选取目前广泛使用的技术形式与设备进行讲解。在编写体例上，本书分为理论部分和实训工单（工作手册）两部分，对同一知识点，两者既相互呼应，又分别注重知识点的理解和技能掌握，满足职业教育对新型教材的编写要求。

本书可作为城市轨道交通车辆技术相关专业教材，也可供企业技术人员学习参考。

为方便教学，本书配有电子课件，凡选用本书作为授课教材的教师均可登录 www.cmpedu.com 以教师身份注册、下载。

图书在版编目（CIP）数据

城市轨道交通列车牵引与制动系统：配实训工单/袁野，杜连超主编．—北京：机械工业出版社，2022.1（2025.2重印）
ISBN 978-7-111-69696-4

Ⅰ.①城⋯ Ⅱ.①袁⋯ ②杜⋯ Ⅲ.①城市铁路-列车-牵引-高等职业教育-教材②城市铁路-制动装置-高等职业教育-教材 Ⅳ.①U260.13 ②U260.35

中国版本图书馆CIP数据核字（2021）第244801号

机械工业出版社（北京市百万庄大街22号 邮政编码100037）
策划编辑：曹新宇 责任编辑：曹新宇
责任校对：肖 琳 王 延 封面设计：张 静
责任印制：常天培
北京机工印刷厂有限公司印刷
2025年2月第1版第4次印刷
184mm×260mm ・12.5印张・309千字
标准书号：ISBN 978-7-111-69696-4
定价：49.80元

电话服务 网络服务
客服电话：010-88361066 机 工 官 网：www.cmpbook.com
　　　　　010-88379833 机 工 官 博：weibo.com/cmp1952
　　　　　010-68326294 金 书 网：www.golden-book.com
封底无防伪标均为盗版 机工教育服务网：www.cmpedu.com

前 言

PREFACE

为满足最新教学标准对课程设置、课程内容、技能训练等方面做出的新规定和新要求，同时顺应"三教改革"中教材改革的趋势，特面向"列车牵引与制动系统"课程编写本书。

本书分为理论部分和实训工单（工作手册）两部分。其中理论部分广泛参阅相关文章、资料，把握车辆技术发展动态，进行内容采选，淘汰过时或应用范围较小的技术形式，选取广泛使用或具有发展前景的技术为对象进行论述。通过结构分析、功能分析等方法，深入浅出讲解理论与技能相关内容，建立理论与实操的有机联系。实训工单（工作手册）的编写得到了多地城市轨道交通企业专家的支持，在编写过程中，以实际生产流程为依据，坚持作业内容与理论知识呼应、与现场需要同步的原则，按照作业顺序，设置作业检查清单，同时配以实物图片帮助学生理解，培养学生实操技能。

理论部分共有五个项目，分别是：牵引系统认知；牵引系统设备结构与原理认知；制动系统认知；制动系统设备结构与原理认知；牵引与制动控制系统认知。实训工单（工作手册）设置了与理论部分知识点对应的五部分操作内容，包括牵引系统设备日检作业；牵引系统设备专项检修作业；制动系统设备日检作业；制动系统设备专项检修作业；牵引与制动控制系统检测与设备调试。

本书由天津铁道职业技术学院教师袁野、天津轨道交通运营集团有限公司高级工程师杜连超主编，中车南京浦镇车辆有限公司高级工程师陈祺主审。天津铁道职业技术学院教师吕娜玺、李元元、张亦农，南京科技职业学院教师耿言，济南市技师学院教师黄金桥，宁波市轨道交通集团有限公司工程师张宇辰，广州地铁集团有限公司工程师张海强参与了本书的编写。

为落实立德树人根本任务，培养学生精益求精的大国工匠精神，激发学生科技报国的家国情怀和使命担当；同时为满足《高等职业学校城市轨道交通车辆技术专业教学标准》对课程设置、课程内容、技能要求做出的新规定和新要求，特面向《列车牵引与制动系统》课程编写本教材。教材将价值塑造、知识传授和能力培养融为一体，注重学思结合、知行统一，力图引导学生增强勇于探索的创新精神、善于解决问题的实践能力。

由于编者水平有限，资料收集不全面，书中难免有纰漏与不足，恳请各位读者批评指正。

编　者

二维码索引

名　　称	图形	页码	名　　称	图形	页码
磁轨制动工作原理		53	紧急电磁阀工作原理		83
涡流制动机结构		53	带停放制动缸的踏面制动单元		92
空气制动与电气制动系统组成		54	楔块式制动单元工作原理		94
电空复合制动工作流程		57	电空复合制动工作流程		126
螺杆式空气压缩机结构与原理		62	常用制动和快速制动工作原理		128
活塞式空气压缩机结构		68	停放制动工作原理		130
活塞式空气压缩机工作原理		68	紧急制动工作原理		130
双塔式空气干燥器结构		70	防滑控制工作流程		132
EP 阀工作原理		77	速度传感器工作原理		134
中继阀工作原理		80			

目 录
CONTENTS

前言
二维码索引

项目一　牵引系统认知 ··· 1
　　任务一　牵引系统基础认知 ··· 2
　　任务二　牵引系统与牵引设备认知 ·· 11

项目二　牵引系统设备结构与原理认知 ··· 18
　　任务一　受流装置结构与原理认知 ·· 19
　　任务二　线路控制设备结构与原理认知 ··· 26
　　任务三　牵引逆变器结构与原理认知 ··· 31
　　任务四　牵引电机结构与原理认知 ·· 39

项目三　制动系统认知 ··· 45
　　任务一　制动系统基础认知 ·· 46
　　任务二　不同制动形式的认知 ··· 52

项目四　制动系统设备结构与原理认知 ··· 59
　　任务一　风源系统设备认知 ·· 60
　　任务二　制动系统控制设备认知 ··· 73
　　任务三　基础制动装置认知 ·· 88

项目五　牵引与制动控制系统认知 ··· 104
　　任务一　牵引与制动控制系统操作设备认知 ······································· 105
　　任务二　牵引与制动系统控制网络认知 ··· 112
　　任务三　牵引与制动系统控制模式认知 ··· 126

参考文献 ·· 136

实训工单（单独装订）

项目一　牵引系统认知

学　习　导　入

牵引系统是为城市轨道交通车辆提供牵引动力的重要系统，同时还可参与车辆电气制动过程，是城市轨道交通车辆从业者在工作中接触较多的系统之一。在城市轨道交通车辆中，牵引系统形式多样，牵引技术发展快速，该系统的运用、检修作业工作对从业者提出了较为严格的知识与技能要求。本项目将面向牵引系统总体，全面介绍城市轨道交通车辆牵引系统的工作原理与发展历程，并以目前最常用的交流牵引传动系统为例，对系统主要设备进行相关知识的介绍。

任务一　牵引系统基础认知

1. 了解牵引系统工作原理及组成。
2. 了解牵引系统发展历程。

一、牵引系统工作原理及组成

1. 牵引系统的工作原理

电力牵引是一种以电能为动力的牵引方式，地铁列车电力牵引系统通常由受流器从第三轨（输电轨）或架空接触网接受电能，通过车载的变流装置给安装在转向架上的牵引电机供电，将电能转换为机械能，通过齿轮传动箱和轮对，驱动地铁列车运行或者是将车辆的机械能变为电能，对车辆实施电制动，如图1-1所示。

图1-1　牵引传动装置

所以电力牵引系统以牵引电机为控制对象，通过对电机牵引力和速度的调节，满足车辆牵引和制动特性的需要。

以目前国内常用的交流电力牵引系统车辆为例，其工作流程如图1-2所示。

电力牵引时，集电靴或受电弓接受DC 750V或DC 1500V直流电，然后经三相逆变器变为交流三相电压，给牵引电机供电，实现电能到机械能的转换。

电气制动时，牵引电机机械能转换为电能，经三相逆变器变为直流电反馈到电网，实现机械能到电能的转换，也称为再生制动；或通过制动电阻，将机械能转化为热能。

2. 牵引系统形式

城市轨道交通电力牵引系统主要类型为直流供电形式，根据供电电压制式可分为：直流

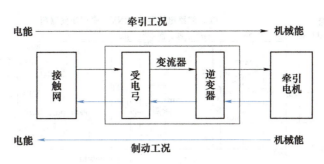

图 1-2　交流电力牵引系统工作流程

600V，750V，1500V，3000V（标称值）。其中，第三轨形式的供电电压多选用 DC 750V，接触网形式的供电电压多选用 DC 1500V。

此外，电机作为牵引系统的核心装置也可作为分类的标准。根据牵引电机的不同，城市轨道交通电力牵引系统又可分为：直流电力牵引系统（采用直流牵引电机）和交流电力牵引系统（采用交流牵引电机），如图 1-3 所示。

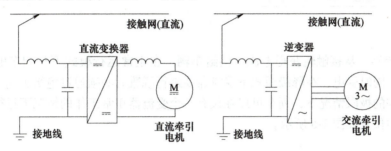

图 1-3　直流电力牵引系统和交流电力牵引系统

对于直流传动系统，直流变换器的主要作用为调压；对于交流传动系统，逆变器将直流电逆变为幅值和频率均可控的三相对称交流电。

作为牵引系统的转换设备，直流变换器和逆变器可以输出可调的直流/交流电，供给直流/交流牵引电机工作，产生所需要的牵引力。

3. 牵引系统主电路

牵引系统所构成的回路通常被称为车辆的主电路。可以说，主电路上所包含的主要电气设备就是牵引系统的基本组成。下面以某地某型交流电力牵引系统车辆主电路为例，介绍牵引系统的组成。主电路如图 1-4 所示。图中设备简称对应表见表 1-1。

表 1-1　牵引主电路设备简称对应表

简称	设备	简称	设备	简称	设备	简称	设备
AP	受流器	MQS	隔离开关	HB	高速断路器	FL	线路电抗器
RB	制动电阻	M	牵引电机	LH	电流传感器	KM1	短接接触器
KM2	充电接触器	INV	牵引逆变器	VH	电压传感器		

列车受流器从接触轨受流，通过母线断路器及接触器箱（或者辅助高压箱），经过高速断路器后，将直流电送入牵引逆变器。牵引逆变器将直流电逆变成频率、电压可调的三相交流电，供给车辆四台交流笼型异步牵引电机，对电机进行调速，实现列车的牵引、电气制动功能。

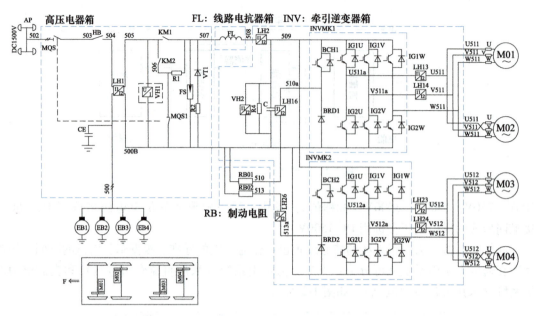

图 1-4　牵引主电路结构

（1）受流器　从接触轨获得电流，供给车辆。在正常运行模式下整列车的受流器均与接触轨接触，同时受电，在降级模式下受流器要进行脱靴时必须通过绝缘手柄手动降靴。在电路条件允许的极限情况下，列车可以在仅有一个受流器正常工作的情况下运行。受流器结构在主电路中位置如图 1-5 所示。

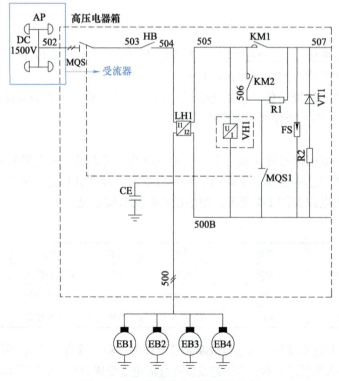

图 1-5　受流器结构在主电路中位置

(2) 隔离开关 (MQS)　隔离开关 MQS 是一种机械闸刀开关，用于控制主电路的通断，其操作通过一根绝缘棒进行，以确保安全。在列车运行前，需要确保隔离开关 MQS 闭合。在入库检修或者快速释放支撑电容中的能量时，则需要用绝缘棒操作隔离开关 MQS 断开。隔离开关 MQS 位于高压箱 (HVB) 内，只有打开高压箱后才能操作隔离开关 (MQS)。隔离开关 MQS 结构在主电路中位置如图 1-6 所示。

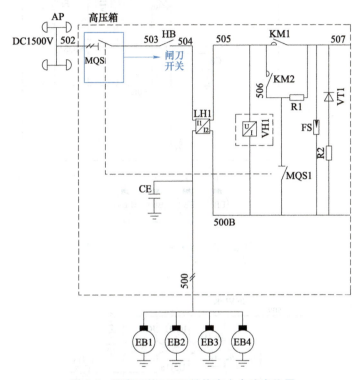

图 1-6　隔离开关 MQS 结构在主电路中位置

(3) 高速断路器 (HB 也称 HSCB)　高速断路器 HB 接于动车牵引回路前端。当牵引电路发生过电流、短路或者逆变器故障时，高速断路器 HB 会安全地将牵引设备和高压电源隔断，迅速切断故障电流，防止事故扩大，保证系统的安全运行。高速断路器 HB 和隔离开关 MQS 都位于高压箱 (HVB) 内。高速断路器 HB 结构在主电路中的位置如图 1-7 所示。

(4) 牵引逆变器 (INV)　牵引逆变器 INV 可将恒定电压直流电转换为频率、幅值可调的三相交流电，以此驱动牵引电机，实现列车运行。牵引逆变器 INV 通过高速断路器 HB 连接到牵引母线。可以用隔离开关 MQS 断开高速断路器 HB 到逆变器一线与受流器之间的高压连接。牵引逆变器 INV 结构在主电路中的位置如图 1-8 所示。

(5) 制动电阻　当车辆处于电阻制动状态时，牵引电机反馈的能量消耗在制动电阻上，将电能转化为热能散发掉。制动电阻结构在主电路中的位置如图 1-9 所示。

(6) 牵引电机　交流电力牵引系统多选用三相交流笼型异步牵引电机。每节动车设四个牵引电机，由牵引逆变器供给三相用电。牵引电机结构在主电路中位置如图 1-10 所示。

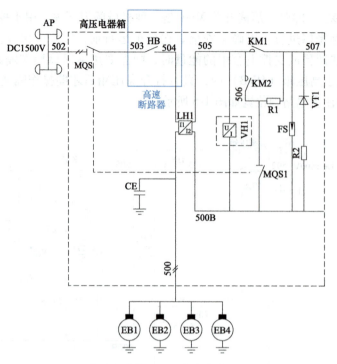

图 1-7　高速断路器 HB 结构在主电路中的位置

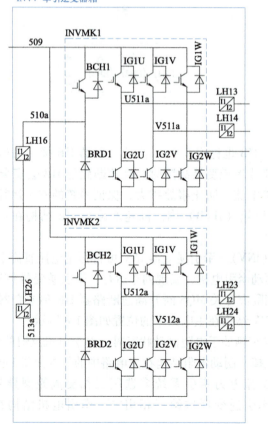

图 1-8　牵引逆变器 INV 结构在主电路中的位置

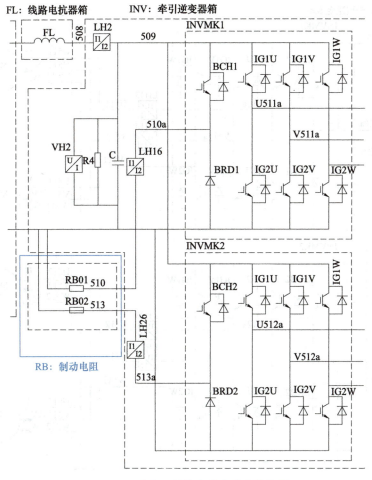

图 1-9 制动电阻结构在主电路中的位置

二、牵引系统发展历程

1. 牵引系统的发展趋势

就城市轨道交通车辆的现状而言，随着电力电子器件和计算机技术的发展，城市轨道交通车辆电力牵引系统大致经历了三个阶段。

20 世纪 80 年代前的凸轮变阻调压直流牵引系统；20 世纪 80 年代的斩波调压直流牵引系统；20 世纪 90 年代的变压变频交流牵引系统。

目前，城市轨道交通车辆电力牵引系统发展趋势是交流牵引系统取代直流牵引系统。这主要是因为交流牵引系统和直流牵引系统相比有以下优点：

1）可有效提高黏着牵引力，减少动车比重。
2）主电路无触点化，电机无换向器和电刷，提高了运行可靠性，减少了维修量。
3）再生制动可从高速持续到 8km/h 以下，安全平稳、节省电能。
4）交流电机结构简单、寿命长，可延长检修周期等。

在城市轨道交通车辆的电力牵引系统中，直流牵引电机结构复杂（主要换向器），但其控制原理简单，而交流异步电机结构简单，但要实现广范围、高性能的调速控制是相当复杂

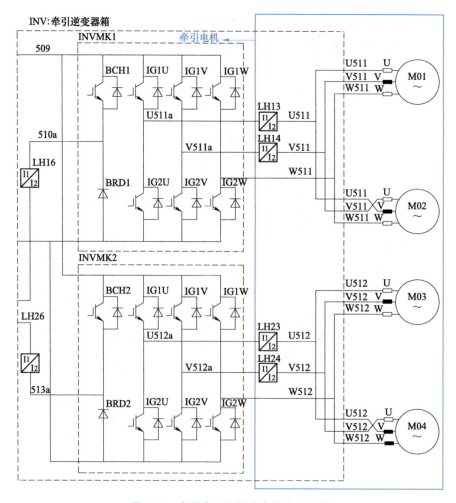

图 1-10　牵引电机结构在主电路中位置

和困难的。从直流传动到交流传动的过程也是电力电子器件、微处理器芯片及交流电机调速理论的发展历史。

半控型晶闸管（SCR）使直流斩波调压与相控调压的直流传动得到一次飞跃发展，且那时德国地铁车辆中采用电流型逆变器供电异步电机的交流传动系统已获得开发并应用。门极关断晶闸管的问世与发展，使采用电压型逆变器的变压变频（VVVF）的交流传动得到迅速的发展，并使欧洲的先进国家在 20 世纪 90 年代的中后期停止生产直流传动的机车车辆，生产先进的交流传动的机车车辆。从电流驱动全控型电力电子器件（GTO 和 BJT）到电压驱动全控型器件（GBO 和 IPM），使器件（或模块）的性能进一步提高，交流传动的优良性能也进一步得到发挥。IGBT 模块的阻断电压与器件容量的不断提高，使它也逐步替代了 GTO 在机车车辆上的应用。上海与广州地铁初期进口的国外交流传动车辆上采用 GTO 器件，而现在进口的地铁或轻轨交流传动车辆已改为采用高压 IGBT 模块，从这一点就可看出性能优越的电压驱动全控型 IGBT 模块，不仅在城轨车辆静止辅助电源系统中，而且在主传动系统中也已获广泛的应用。IGBT 模块结构原理和实物如图 1-11 所示。

2. 我国牵引系统的发展情况

目前，在我国城市轨道交通车辆牵引系统中，按其传动与控制方式可分为直流变阻牵引

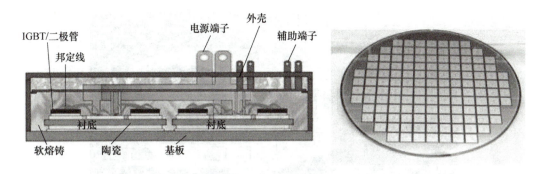

图1-11 IGBT模块结构原理和实物

系统（如北京地铁1号线部分车辆）、直流斩波调阻牵引系统（如上海地铁1号线部分车辆）和交流传动牵引系统（如上海地铁2号线车辆和广州地铁1号线车辆等），其发展趋势与世界牵引技术发展主流基本一致。

（1）北京地铁车辆牵引系统　早期北京地铁有BJ-4型和BJ-6型两种典型车型，全部采用动轴，各由一台76kW的直流牵引电机驱动，每台牵引电机额定电压为750V，额定电流230A，在每一节车组的4台牵引电机中，同一转向架的两台牵引电机串联成一个机组，在牵引工况下，同一车辆的两个机组串联或并联。

BJ-4型和BJ-6型地铁车辆的根本区别在于前者采用变阻控制器进行主回路中电阻的切换，以实现调速，而后者利用晶闸管斩波器调阻调速，实现无级平滑调节。

2000年以后，北京地铁车辆开始普遍采用VVVF牵引控制方式、交流电机传动、动拖组合编组。例如长客与北京地铁车辆厂共同生产的DKZ5车型，就采用了2动2拖4节编组、采用矢量控制的VVVF交流传动系统，主要由VVVF逆变器和三相交流牵引电机组成、VVVF逆变器采用IGBT开关元件，如图1-12所示。

图1-12 北京地铁DKZ5型地铁列车

（2）上海地铁车辆牵引系统　上海地铁1号线车辆，每单元由A、B、C三节车辆组成，A车是拖车，B、C车为动车。每一动轴由一台全悬挂的牵引电机——CUS5668B型直流串励电机驱动，额定功率207kW，额定电流302A，额定电压1500V，同一动车中4台牵引电机接成两串两并连接，故加在每台牵引电机上的实际额定电压为750V，额定转速1470r/min，利用晶闸管斩波器调阻调速。在电阻制动工况下，最大制动电流为360A，如图1-13所示。

（3）广州地铁车辆牵引系统　广州地铁1、2号线车辆与上海地铁1号线车辆编组基本

图 1-13 上海地铁 1 号线早期列车

一致，但采用三相异步交流牵引电机驱动，利用交流变压变频（VVVF）的方式控制，如图 1-14 所示。

图 1-14 广州地铁 1 号线早期列车

3. 现代地铁列车电力牵引系统的特点

1）电力传动技术由最初的变阻调速发展到斩波器调速，进一步发展，则在应用三相异步牵引电机的动车中采用了变压变频（VVVF）技术。目前，逆变器技术在地铁电动车组上得到了广泛的应用。

2）在车辆电力传动系统中，牵引变流器（包括斩波器、逆变器等）广泛采用了 GTO（门极关断晶闸管）及 IGBT（绝缘栅极双极型晶体管）模块或 IPM（智能功率模块）作为主开关器件，特别是 IGBT 或 IPM 模块对较高频率工作的电路也有较好的适应能力。

3）微电子技术在地铁车辆的牵引、制动、辅助控制、信息显示和存储、防滑与防空转控制及行车安全等方面得到了广泛应用。

4）车辆的制动，除了采用摩擦制动外，还采用了电气制动技术，如再生制动、电阻制动及磁轨制动等，以提高运行过程中的节能效果与安全性。

任务二　牵引系统与牵引设备认知

任务目标

1. 了解常见牵引系统特点。
2. 掌握交流牵引设备组成。

知识课堂

一、常见牵引系统认知

1. 直流牵引系统的特点

城市轨道交通车辆牵引系统早期普遍采用直流牵引系统，主要是因为直流牵引系统电机控制系统具有结构简单、起动和调速性能好、调速范围广、平滑、过载能力较强、受电磁干扰影响小的优势。

直流电机结构主要由定子、转子、换向装置等组成。根据励磁绕组与电枢绕组的连接方式主要分为他励、并励、串励和复励四种，其接线原理如图 1-15 所示。

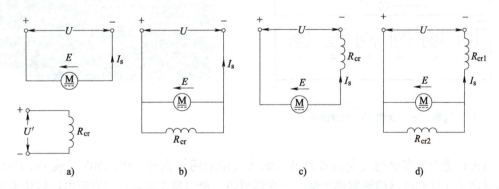

图 1-15　他励、并励、串励和复励电机的励磁接线图
a）他励　b）并励　c）串励　d）复励

直流电机的调速技术已经发展较为成熟，主要有调压法和调节主极磁通法。其中调压法又包含变阻控制和斩波调压。城市轨道交通车辆直流牵引系统通常采用的斩波调压又有定频调宽控制、定宽调频控制、调频调宽混合控制三种方法，可以实现较为理想的调速控制。

但是随着列车牵引要求的不断变化，直流牵引系统存在直流电机结构复杂、使用维护不方便、防空转性能较差等问题，尤其是电机具有换向器与电刷，因而带来了较大的体积与重量，容易产生环火，维护繁杂。此外，电刷和整流子存在磨损，因此有寿命限制，并且噪声也较大，主要磨损对象是电刷，需要经常更换。

2. 直线电机牵引系统的特点

传统城市轨道交通车辆的直流牵引系统和交流牵引系统因为选用的均是旋转电机，所以可称为是旋转电机牵引系统。除此以外，在城市轨道交通系统中，根据车辆的特点，采用直线电机作为驱动电机为城市轨道交通车辆牵引系统提供了一种新的选择。

理论上讲，直流电机、交流电机都可做成直线电机。但是，直流电机在结构上无法做成无整流子型，所以，直线电机一般为交流感应电机或交流同步电机。这些交流电机的一次侧有作为定子侧的，也有作为转子侧即移动体侧的。目前常见的直线电机车辆的直线电机，感应电机的一次侧装在车上，二次侧固定在地上，靠车轮保持转子与定子之间的气隙。

直线电机产生推进力的原理与旋转电机产生力矩的原理一样，在直线电机城轨车辆中，安装在转向架上的一次侧沿前进方向产生移动磁场。让面对该磁场、安装在地上的反作用板（相当于二次侧线圈）中通过二次电流（涡电流），由这个二次电流切割磁场产生的力作为反作用力，安装在转向架上的一次侧得到推进力。其原理如图1-16所示。

由于同样适用交流供电和交流控制技术，所以直线电机牵引系统除了选用了直线电机以外，其他系统设备设置与交流牵引系统差别不大，同样需要安装受流设备、主电路控制设备、逆变器模块，不同的是牵引电机通常只有定子安装在车上，取消了变速箱等设备。直线电机车辆车下设备如图1-17所示。

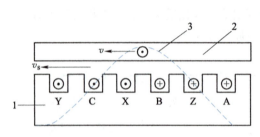

图1-16 直线电机的基本工作原理
1——次侧 2—二次侧 3—行波磁场

图1-17 直线电机牵引系统车下设备

3. 交流牵引系统的特点

城市轨道交通车辆通过受流器由第三轨（或接触网）供电。DC 750V（或 DC 1500V）电压经高压元件和电路滤波器供给牵引逆变器模块。牵引逆变器模块将直流电压转化为变频变压的交流电压，用来驱动电机。

目前，随着微电子技术和晶闸管变流技术的发展，城轨车辆的电力传动与控制系统多采用交流三相异步牵引电机的电力传动系统。体积、重量较大，牵引功率较小的直流牵引系统正逐步被交流牵引系统取代。

而直线电机牵引系统，存在运行能耗大、轨道及直线电机定子支承装置的施工和安装必须考虑直线电机垂向力的影响以及与既有地铁方式无互换性等问题。其中运行能耗大制约了直线电机牵引系统的进一步普及。

所以，国内绝大多数新造城轨车辆选用交流牵引系统，本书以下介绍重点均在交流牵引系统。

二、交流牵引设备认知

城市轨道交通车辆交流牵引设备主要分为主电路设备和控制设备。

主电路设备较多,按照布置位置又可分为布置在车辆顶部的车顶设备,如受电弓(接触网式供电车辆)、避雷器等;以吊挂箱体形式安装在车体底部的车下设备,如逆变器、高速断路器、制动电阻、隔离开关等;安装在转向架构架上的转向架设备,如悬挂在构架横梁上的牵引电机、安装在侧梁侧面的集电靴(第三轨式供电车辆)以及安装在轴端的接地装置;另外还有进行设备或车辆连接的线束等。

控制设备主要包括位于司机室的司机控制器和集成化的控制单元等。设备布置情况如图1-18 所示。

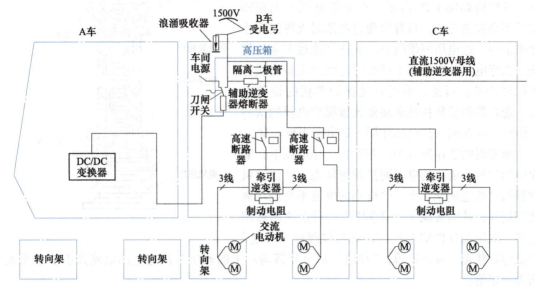

图 1-18 某型地铁车辆牵引设备布置图

1. 车顶设备

(1)受电弓 受电弓是从接触网向整个列车电气系统供电,其安装位置如图 1-19 所示。受电弓在刚性接触网和柔性接触网的电路上均能适用,能够保证在各种轨道和速度下与接触网具有良好的接触状态和接触稳定性,在列车运行速度范围内,受电弓有良好的动力学性能。

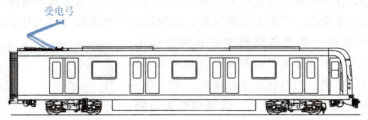

图 1-19 某型地铁车辆受电弓安装位置

列车运行时,受电弓升起,碳滑板沿着接触网滑动并保持良好接触,将电流引入列车内。受电弓的受流性能在很大程度上取决于接触压力,在列车静止状态下,接触压力与受电弓高度之间的关系称为受电弓的静特性。

此外受电弓结构各关节的摩擦力对接触压力也有影响,在列车运行时,受电弓随着接触网导线高度的变化而上下运动,因此,接触压力不但与受电弓的静特性有关,而且与受电弓上下运动时的惯性力也有关系。为了限制受电弓的上升高度，在结构上专门设置有机械止挡，可以限制受电弓在无接触网区段上的垂直运动。

（2）避雷器　浪涌吸收器，又称为避雷器，是一种用来限制过电压幅值的保护电器，它连接在被保护电器与接地电极之间，安装在车顶。雷电或大电流侵入时，由于过电压的作用使得避雷器动作，强电流经过避雷器泄入大地，从而限制了电压的幅值，使得避雷器上的残压不超过被保护电器冲击放电电压。

避雷器通常由火花间隙和非线性电阻两部分组成，其结构如图 1-20 所示。在正常电压下火花间隙是不会被击穿的，只有出现过电压时火花间隙才会被击穿，过电压幅值越高，火花间隙被击穿的越快。击穿电压的幅值同击穿时间之间的关系曲线称为伏秒特性。可见，要可靠地保护车辆的设备电器，避雷器的伏秒特性必须要比被保护电器的伏秒特性低，即在同一过电压作用下避雷器先被击穿。

避雷器的工作原理为：在正常工作电压下，氧化锌阀片具有极高的电阻而呈绝缘状态，使流过氧化锌阀片的电流非常小，这样小的电流不会烧坏氧化锌阀片，从而实现了"无间隙"；当系统出现超过某一电压动作值的电压时，氧化锌阀片"导通"

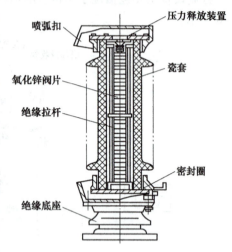

图 1-20　避雷器结构

呈低电阻状态，释放电流，"导通"后氧化锌阀片上的残压与流过它的电流大小基本无关，而为一定值。

当电压降到动作电压以下时，氧化锌阀片"导通"终止，迅速恢复高电阻而呈绝缘状态。因此，氧化锌避雷器可使避雷器的残压被限制在允许值以下，并将冲击电流迅速泄入大地，从而保护了与其并联的电器。

2. 车下设备

（1）主隔离开关　隔离开关是一种没有灭弧装置的开关设备，不能切断负荷电流及短路电流，主要用来断开无负荷电流的电路。在分闸状态时，有明显断开点，以保证其他电气设备的安全检修。在合闸状态时能可靠地通过正常负荷电流及短路故障电流。隔离开关只能在电路断开的情况下操作，严禁带负荷操作，以免造成严重的设备和人身事故。

（2）高速断路器　高速断路器主要有两个作用：一是在正常情况下，根据需要接通和断开接触网和车辆主回路之间的高压电路。二是在发生故障时，如主电路短路、过载、电动机烧损等情况下，快速切断主电路，防止事故扩大，保护车辆和人身安全。高速断路器动作需要迅速、可靠，并且具有足够的断流容量。断流容量，即断路器在一定条件（电压、功率因数、频率等）下分断电流的能力。额定断流容量等于额定分断电流能力，单位常用兆伏安。简单地讲就是可承受的最大故障电流。高速断路器结构如图 1-21 所示。

图 1-21　高速断路器结构

（3）制动电阻箱　城市轨道交通车辆为了减少机械摩擦的损耗，应尽量采用无污染的制动方式，目前最好的方法就是使用电气制动。车辆在制动过程中，通过将车辆动能带动牵引电机产生电能，通过转换电路和受电装置将电能反馈给接触网，提供本车辅助电源或同一电网中相邻运行列车使用的方式，叫作再生制动。如果电网电压太高，不能接受反馈电能，只能通过列车上的电阻器发热消耗，转变为热能散发到大气中去，叫作电阻制动。列车中的电阻器就安装在制动电阻箱中。

制动电阻箱主要包括两个组成部分，一是主单元，二是通风扇。由于制动电阻采用强迫风冷方式，所以制动电阻的检修与维护主要是为电阻进行除尘，根据灰尘积垢的程度，周期性地使用压缩空气清洁电阻框架和散热部件。图 1-22 为制动电阻箱外观形状及安装位置。

（4）滤波电抗器　如图 1-23 所示，滤波电抗器作为交流传动车辆不可缺少的重要部件之一，安装于动车受流器之后主逆变器之前，用于抑制故障电流上升，过滤有害高次谐波，防止高次谐波反馈回电网。

图 1-22　制动电阻箱外观形状及安装位置

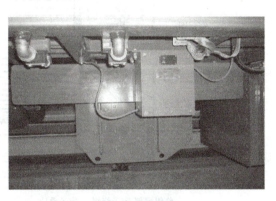

图 1-23　滤波电抗器

（5）牵引逆变器　如图 1-24 所示，牵引逆变器从高压母线上获得直流电源，通过逆变过程，输出交流电源，提供给牵引电机。牵引逆变器的冷却方式是采用自然风冷。通常逆变装置是一种主要用于列车牵引系统的斩波器。其工作过程就是将高电压的直流—交流的转换过程，通过斩波器的控制原理，得到所需要的工作电压，采用晶闸管进行控制电路开关，现在主要用于直接受电的大型轨道交通车辆晶闸管相互控制，保证各个相线电压电流稳定，同时还可以提供各种所需要的直流交流电，满足整体的需求。

图 1-24　牵引逆变器

3. 转向架设备

（1）牵引电机　三相交流电机为带有外壳的旋转电机，用于提供牵引动力，在车辆转向架横梁上横向悬挂安装。电机的冷却通过安装在 N 端的一个内部风扇实现。进气口位于进气滤网上方 D 端的前方；排气滤网位于 N 端一侧。交流牵引机的主要结构包括定子、转子、轴承及润滑结构、转速的测量和温度监测装置、电机通风装置，其结构如图 1-25 所示。

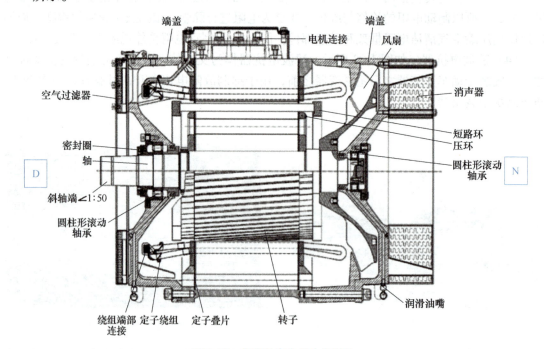

图 1-25　交流异步电机内部结构

（2）集电靴　在城市轨道交通车辆上采用的另外一种受流装置是集电靴，安装在转向架中部。集电靴主要结构包括绝缘底座、手动回退工具插入位置、气动回退装置、拉簧压力系统、碳滑板等，如图 1-26 所示。早期的集电靴不能升降，由于有些列车具备多种受流方式，考虑到切换需要，设计了升降功能。

升集电靴时，压缩空气进入气动回退装置，回退装置气缸的活塞下移，带动回退柄 7 上移（顺时针转动），回退柄 7 上移使臂轴 8 逆时针转动，从而带动碳滑板 5 向上提升，升靴完成；降靴时，过程恰好相反，将压缩空气从降靴气管往回退装置气缸下部充气，集电靴气缸活塞上移，回退柄 7 下移（逆时针转动），臂轴 8 顺时针转动，碳滑板下降。

（3）接地装置　接地装置内部结构拆解图，如图 1-27 所示。接地装置主要由接触盘、电刷架、弹簧支撑组成。接地装置的作用包括以下几个方面：

1）为主电路提供回流通路，使电流经轮对到达钢轨，构成完整的回路。
2）防止电流通过轴承内润滑油层而产生电腐蚀。
3）提高轴承的使用寿命。

如图 1-28 所示，接地装置的安装位置：安装于转向架轴端，不同车型，具体的安装位置略有不同，普遍在 A 车转向架的第 2 轴的右侧和第 3 轴左侧轴端各安装一个，分别在 B 车和 C 车转向架第 1、3 轴的左侧轴端各安装一个，在第 2、4 轴的右侧轴端各安装一个。

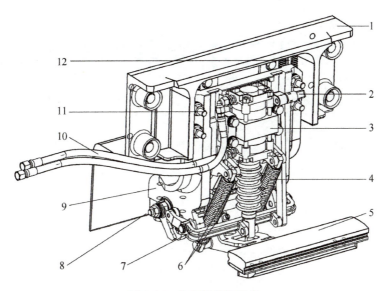

图 1-26　集电靴结构组成

1—绝缘底座　2—手动回退工具插入位置　3—气动回退装置　4—拉簧压力系统　5—碳滑板　6—集电靴止挡
7—回退柄　8—臂轴　9—调整支架　10—气管　11—调整螺栓　12—调整丝槽

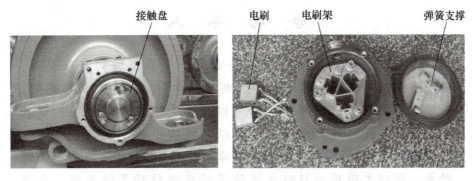

图 1-27　接地装置拆解

图 1-28　接地装置的安装位置

项目二　牵引系统设备结构与原理认知

学 习 导 入

牵引系统从结构上来看，整体是一个多模块的串联系统，其整个系统的工作流程近似等于电流在牵引系统中的流过路径。简单对牵引系统进行模块划分可以分为受流装置、电路控制装置、牵引逆变装置和牵引电机。以上模块中的重点设备也是以后城市轨道交通车辆从业者从事牵引系统相关作业的主要工作对象。所以本项目以目前主流使用的交流传动系统为例，分模块介绍牵引系统中的重点设备。

任务一　受流装置结构与原理认知

任务目标

1. 掌握集电靴的结构与原理。
2. 掌握受电弓的结构与原理。

知识课堂

所谓受流装置，是指将牵引电流馈送到电动车辆上去的装置，一般分为集电靴形式（又称接触轨形式）和受电弓（又称架空接触悬挂形式）。集电靴形式又分为上磨式、下磨式和侧磨式，如图 2-1 所示。受电弓形式又分为柔性架空接触网式和刚性架空接触网式。

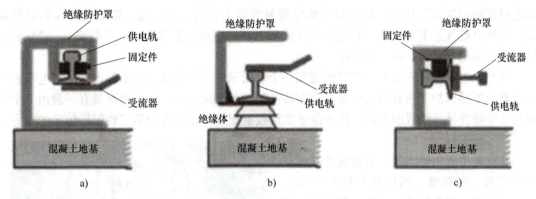

图 2-1　上磨式、下磨式和侧磨式集电靴受电形式
a）上磨式　b）下磨式　c）侧磨式

由于城市轨道交通车辆的运行速度不是很高，集电靴和受电弓均能满足受流稳定性的要求。受电弓供电具有用电安全的优点，但具有检修维护繁杂、影响城市景观等缺点；集电靴供电采用第三轨，具有检修维护方便的优点，但是用电安全性较差，需要严格的安全管理制度；同时使用两种供电方式将集成受电弓、集电靴的优点，但是电路控制更加复杂，对供电的安全性提出了更高的要求，必须对相应的高压电路、低压电路进行严密完善的互锁控制，否则将造成各种供电方式使用混乱，发生严重的电气安全事故。另外，在具体工程中，各城市根据自身地铁工程的特点也会考虑资金成本、原受流方式、限界条件、杂散电流腐蚀防护、再生能量的利用、供电可靠性与事故抢修等各方面问题。

在受电弓或集电靴供电之外，通常采用车间电源或滑触线供电装置进行配合：车间电源模式时，通过静调电源柜供电系统为辅助系统供电，同时保证断开其他高压供电回路；滑触线供电时，滑触线滑动小车通过电缆插头与车辆插座进行连接，列车出入库时，该系统为列车牵引逆变器系统供电，列车检修作业时，该系统为辅助电源系统供电。

一、集电靴的结构与原理

1. 集电靴的工作原理

在城轨交通车辆上采用的一种受流装置是集电靴。集电靴安装在车辆转向架的两侧,与运行轨道旁边的第三轨连接,并向整列车辆提供电力。采用集电靴受流的城市轨道交通车辆通过集电靴与带电第三轨接触向全车提供用电。

它在使用时放下,不用时收起。所有动车转向架构架均装有两套集电靴,而拖车仅一台转向架装有两套集电靴。每个集电靴的安装托架用螺栓固定在转向架构架的侧梁下面。

以机械式下部受流式集电靴为例,早期的集电靴不能升降,由于有些列车具备多种受流方式,考虑到切换需要,设计了升降功能。受流器的升降由绝缘扳手控制。受流器具有回位和锁定功能,锁定功能是为了保证有缺陷的受流器与第三轨脱离后,使整个车辆完成一次往返运行。

在气动集电靴升降靴的过程中,电磁阀通过阀芯的动作来控制进气口与工作口的导通,从而来控制集电靴气管进排气。升靴时,电磁阀一个线圈得电,另一个线圈失电,此时集电靴气缸上部充气,集电靴气缸的活塞下移,带动回退柄上移(顺时针转动),回退柄上移则集电靴臂轴将逆时针转动,从而带动集电靴悬臂向上提升,即升靴。集电靴降靴的过程相反,即集电靴气缸下部进气,集电靴气缸活塞上移,回退柄下移(逆时针转动),臂轴顺时针转动,集电靴悬臂下降,即降靴。

每个集电靴并联安装有1个熔断器和一个带指示的小熔断器,熔断器负责车辆电气系统的过载与短路保护。所有集电靴都安装在转向架的侧面构架上,每个受流器有一套由2个弹簧和2个弹性轴承组成的机构,用于保证碳滑板磨损后,集电靴与第三轨保持恒定的压力。

2. 集电靴的结构组成

集电靴主要由绝缘座、启复装置(包括回位压板、回位臂、回位控制杆和弹簧)、受流支承臂、弹性轴承、扭簧、碳滑板、受流臂、电缆线、熔断器以及熔断器箱等零件组成,如图2-2所示。

图 2-2 某型下磨式集电靴组成

(1)绝缘座 绝缘座采用的是一种绝缘材料,它的作用是确保载流受流器与转向架之间绝缘,它还负责承载受流器的其他元件。

绝缘座与转向架的连接为螺栓连接,全部紧固件均采用不锈钢或镀锌碳素钢。绝缘座上装有齿条结构,这种结构在确保机构部件与绝缘座安全连接的同时,还便于集电靴竖直方向的调整和水平校准。

(2)启复装置 启复装置的作用是当集电靴发生故障时,保证集电靴与第三轨脱离。车辆的牵引高压母线单元贯通,当其中一台集电靴发生故障被隔离时,剩余的集电靴还会为单元列车提供工作电源,因此,列车的运行将不会受到影响。

(3)弹性轴承 弹性轴承采用橡胶材料,可确保受流臂的平稳运行。此弹性轴承为免维护轴承,因此无须为弹性轴承添加润滑油。

（4）受流臂 受流臂作为受流组件中的一个重要部件，一方面要经受过弯轨等正常工作状态下的冲击，同时当受流臂遭遇意外的障碍撞击时，能够在设置的薄弱点处断裂，从而保护列车。摆杆在受到 12000N 的作用力时将发生断裂。

（5）熔断器 熔断器盒带有透明视窗，内装直流熔断器。熔断器侧面带有状态指示，使用时不用打开盒盖，就能够清楚地判断熔断器的状态，如图 2-3 所示。

图 2-3 集电靴熔断器

二、受电弓的结构与原理

1. 受电弓的结构组成

城市轨道交通车辆另外一种受流形式设备是受电弓，其结构如图 2-4 所示。

图 2-4 受电弓结构组成
1—绝缘子 2—底座 3—阻尼器 4—下臂 5—上臂 6—拉杆 7—平衡杆
8—气阀箱 9—弓头 10—升弓装置 11—降弓位置指示器

（1）绝缘子 受电弓与 4 个支持绝缘子通过 4 个螺栓、垫片、球形垫圈安装在车顶上，如图 2-4 所示。绝缘子采用硅橡胶材料，使用时应保持清洁，无裂纹或碰痕。

绝缘子功能包括两部分，一是对带电的受电弓与相连接的车顶进行电隔离；二是使受电弓同车顶进行机械连接。

（2）底座 受电弓底座是一个由矩形钢管焊接而成的口字形钢结构，在受电弓的升降弓过程中，底座是不运动的，只起到固定支撑作用。底座上设有接线板是受电弓对外的接口，采用不锈钢材料。4 个绝缘子安装座上的通孔用于安装支持绝缘子的安装螺钉，如图 2-5 所示。

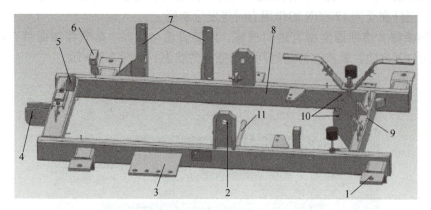

图 2-5 底座

1—绝缘子安装座 2—轴承安装座 3—电路安装座 4—拉杆安装座 5—阻尼器安装座 6—气路安装座
7—气阀箱安装座 8—纵梁 9—横梁 10—气囊安装座 11—限位杆

（3）下臂 下臂由一个无缝钢管焊接而成，其两端分别与底座和上臂采用轴承连接。受电弓升降弓运动时绕着底座上的固定点作圆周运动。

（4）上臂 上臂为铝合金框架结构，上臂安装有对角线杆，用于增加上臂的刚度，上臂通过轴承分别与拉杆、下臂及弓头连接。上臂强度高、韧性好、质量小，可提高弓网的跟随性。

（5）拉杆 可以通过调节拉杆上螺母和螺杆的相对位置来改变拉杆长度，从而实现对四杆机构的几何尺寸进行调整以修正偏差。

（6）电流连接组成 电流连接组成分为弓头电流连接组装、肘接电流连接组装和底座电流连接组装，如图 2-6 所示。

图 2-6 弓头、肘接、底座电流连接组装

弓头电流连接组装是将接触网的电流由弓头导流至上臂上，从而使电流绕过了顶管内的轴承和弓头悬挂，以避免轴承损坏。肘接电流连接组装可以保护安装于肘接轴承管内的轴承。底座电流连接组装可以保护安装于底座轴承管内的轴承。

（7）弓头 弓头是与接触网直接接触的部件，为保证弓头与接触网线能够保持良好的恒定接触，弓头应具有尽可能小的惯性质量。碳滑板、弓角及弓头悬挂，如图 2-7 所示。弓头悬挂使弓头具有一定的自由度，弓头工作时，弓头与接触网之间的高频振动可通过弓头悬

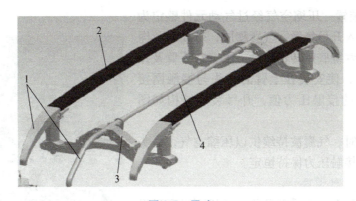

图 2-7 弓头

1—弓角　2—碳滑板　3—弓头悬挂　4—弓头转轴

挂吸收并缓冲。弓角位于弓头端部，用以保证接触线与弓头的平滑过渡。

（8）气阀箱　气阀箱输入的是车辆制动系统的风源，经过调压阀，将受电弓气囊内部的风压稳定到一整定值，此值可维持弓头接触压力，升弓节流阀与降弓节流阀可以调整升降弓时间。气阀箱由空气过滤器、单向节流阀、调压阀和安全阀等组成，如图 2-8 所示。各部件功能如下：

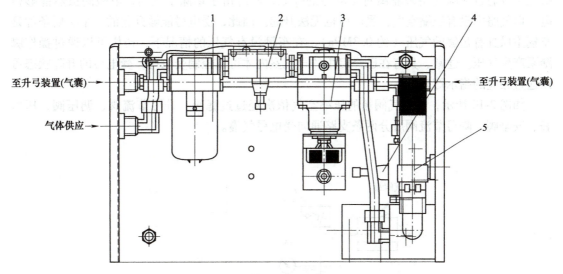

图 2-8　气阀箱

1—空气过滤器　2、4—单向节流阀　3—调压阀　5—安全阀

1）空气过滤器：将列车压缩空气进行过滤，保证提供的压缩空气是纯净的。
2）单向节流阀：提供控制压缩气体的通过流量来调整受电弓升弓时间。
3）调压阀：用于调节接触压力，为受电弓提供恒定的压缩空气。
4）单向节流阀：通过控制排放气体的通过流量来调整受电弓降弓时间。
5）安全阀：若调压阀出现故障，安全阀就会起到保护气路的作用。

（9）阻尼器　受电弓阻尼器一端安装在底座上，另一端与受电弓下臂连接。在受电弓的下降过程中起缓冲作用，以避免受电弓降弓时对底座上的部件造成冲击。阻尼器在受电弓出厂时已经设定好，原则上不允许调整。

（10）升弓装置 压缩空气经过气动元件整定为一定压力后，进入升弓气囊，气囊膨胀，带动钢丝绳拉拽下臂，使下臂绕底座转轴转动，上臂在下臂及拉杆的作用下升起，使安装在上臂的弓头与接触网接触，并保持规定的接触压力值，升弓装置结构如图2-9所示。

受电弓工作时，气囊被持续供以压缩空气，弓头与接触网之间的接触压力保持恒定。

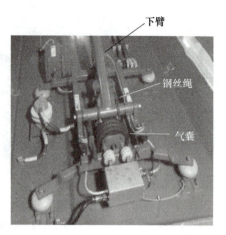

图 2-9 升弓装置结构

2. 受电弓的工作原理

每个司机室都有一个手动开关，司机可以通过操作开关来控制受电弓的升降。这种控制信号有些车辆直接通过硬连线来控制相关电磁阀，由电磁阀控制气路，最终压缩空气通过升弓装置来完成升弓。有些受电弓的控制信号经车辆通信网络传输给车辆控制单元，再由车辆控制单元输出信号控制电磁阀来完成。用于升起受电弓的电磁阀由一个继电器控制，操作司机台开关面板上的升弓开关，车辆上所有受电弓就将被升起。有些车辆设置了受电弓切除开关，可以通过操作切除开关来切除司机对受电弓的控制。另外，司机也可以通过切除气路来隔离对受电弓的控制，此时由于切除了气路，电磁阀虽然能够得电，但气路中没有压缩空气，受电弓也无法升起。因此，受电弓能够升起的一个必要条件是车辆主风缸有足够的气压（约 0.3MPa），在车辆没有气压的情况下，司机可以通过操作脚踏泵产生气压。通常，只有在已经启用的司机室内才可以控制受电弓，受电弓的升降状态可以通过相应的指示灯来显示。

如图 2-10 所示，进入气阀箱的压缩空气依次经过过滤阀、升弓节流阀、调压阀、压力表、安全阀、降弓节流阀后分两条支路通向受电弓气囊。

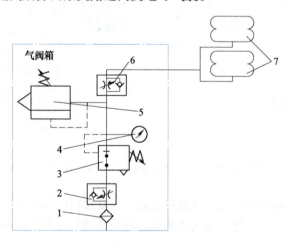

图 2-10 受电弓气路工作原理

1—过滤阀 2—升弓节流阀 3—调压阀 4—压力表 5—安全阀 6—降弓节流阀 7—气囊

受电弓的结构决定了它在整个工作范围内都能获得良好的接触性能，受电弓在整个工作范围内能够确保接触压力在 110~130N 范围内。受电弓上的碳滑条直接与接触网接触，它是碳粉和金属的混合物，与接触网接触导通来获取接触网电流，从碳滑条至底座上的电流是通过受电弓框架及高柔韧性多芯导线来传输的，所有的轴承均通过它们的绝缘安装来保护。

为了检测受电弓的位置，一般受电弓都有升弓检测和降弓检测，升弓检测是通过检测电网电压来实现，是电压检测；降弓检测是通过位置开关或位置传感器来实现，最低位置检测装置固定在底座上，当受电弓位于最低位置时，它向车辆发送一个电子信号，起提示作用。

3. 受电弓辅助装置

受电弓辅助装置由辅助压缩机、脚踏泵组成，其实物图如图 2-11 所示。

图 2-11　辅助压缩机与脚踏泵实物图

辅助压缩机模块由蓄电池提供的 DC 110V 电源驱动，为车辆的受电弓的控制提供风源。当升弓用风缸中的压缩空气压力低于受电弓的工作压力时，且主空压机无法工作，此时如有升弓指令，辅助空压机应起动，提供所需的压缩空气。

脚踏泵是用于受电弓紧急升弓的手动装置。当车辆蓄电池亏电时无法发出升弓命令，可使用脚踏泵向受电弓供风，使用脚踏泵时需将受电弓的升弓电磁阀打到常开位，然后通过踩踏脚踏泵将受电弓升起，使受电弓升弓与网线接触实现列车送电。脚踏泵使用结束后需将升弓电磁阀达到常闭位，使受电弓降弓，然后通过正常升弓命令进行升弓操作。

任务二　线路控制设备结构与原理认知

任务目标

1. 掌握高速断路器的结构与原理。
2. 掌握主接触器的结构与原理。

知识课堂

一、高速断路器结构与原理

1. 高速断路器的作用

高速断路器设在受流器与电路（输入）滤波器之间，每一个高速断路器给每台逆变器提供保护，高速断路器仅用于牵引回路，由电磁力驱动，其动作由牵引控制单元或过电流脱扣装置触发。

高速断路器的作用是正常状态下通断车辆主电路，在发生故障时执行保护指令，切断动力电源，防止牵引系统受内部或外部故障的影响。高速断路器是控制取自接触网的电流进入牵引传动系统的特殊开关装置。牵引传动系统正常工作时闭合，在出现严重异常的情况下，如过电流、逆变器严重故障或短路时，高速断路器能够迅速地将牵引设备从高压电路上安全断开并及时熄灭电弧，避免故障进一步扩大。如图 2-12 所示为高速断路器外观结构。

图 2-12　高速断路器外观结构

2. 高速断路器的特点

1）对地有很高的绝缘等级。由于高速断路器正常接在车辆的牵引主电路上，电压高、电流大，因此其绝缘结构应选取绝缘等级高的材料。

2）分断能力强，响应时间短。高速断路器既是电路的总电源开关又是总保护开关。为有效、可靠地保护其他用电设备，高速断路器必须动作迅速、可靠，并具有足够的断流容量。它的限流特性和高速切断能力能防止由于短路或过载而引起的用电设备毁坏。

3）不受气候条件的影响。高速断路器集成安装于箱中的主要优点是可以节省车下空间，并且使高速断路器与外界环境隔离。

4）使用寿命长。

5）易于维护。

3. 高速断路器的主要性能指标

衡量高速断路器性能的主要指标有两个：机械响应时间和分断能力。

（1）机械响应时间　机械响应时间是指从通过断路器的电流达到动作值，到主触头打开的时间，用 T_m 表示。机械响应时间（T_m）是电流增长率（di/dt）的函数，如图 2-13 所示。例如当 $\mathrm{d}i/\mathrm{d}t = 2\times10^6\mathrm{A/s}$ 时，机械响应时间为 3ms。显然电流增长率越大，机械响应时间越短。

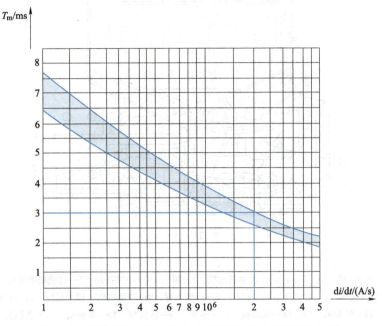

图 2-13　机械响应时间（T_m）与电流增长率（$\mathrm{d}i/\mathrm{d}t$）关系

（2）分断能力　分断能力可用图 2-14 所示的高速断路器开断过程的电流、电压波形来说明。在相同的短路稳态电流情况下，开断电压 $\hat{U}_\mathrm{d}$ 越高，电流增长率 $\mathrm{d}i/\mathrm{d}t$ 越大，则开断电流 $\hat{i}_\mathrm{d}$ 越大，限制时间 T_L 越短，总开断时间 T_tot 越短，$I_\mathrm{d}^2 t$ 积分越大。

4. 高速断路器结构组成

高速断路器（HSCB）是直流单级元件，有双极过电流和跳闸自释放功能，配有辅助触头和一个电磁装置。它由两个部分组成：主体（框体）和灭弧室。

高速断路器的主要机构有：触头系统、灭弧机构、传动机构、自由脱扣机构、最大电流释放器、最小电压释放器和辅助开关。各机构零件如图 2-15 所示。

（1）触头系统　动、静触头采用双极串联形式。触头的接触形式采用线接触，具有接触面大、磨损较小、制造方便的特点。触头制成单独零件，便于更换。

（2）灭弧机构　灭弧机构采用串封闭

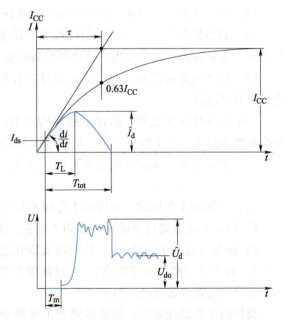

图 2-14　高速断路器开断过程的电流、电压波形

τ—短路时间常数　I_CC—稳态短路电流
I_ds—过电流动作电流设定值　$\mathrm{d}i/\mathrm{d}t$—电流上升初始率
$\hat{i}_\mathrm{d}$—开断电流　T_L—限制时间　T_tot—总开断时间
T_m—机械响应时间　$\hat{U}_\mathrm{d}$—最大拉弧电压　U_do—恢复电压

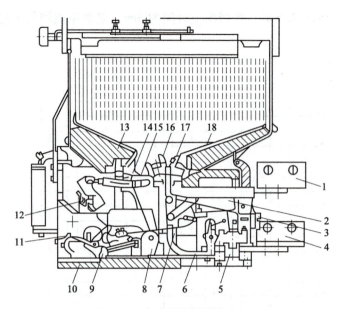

图 2-15 高速断路器结构原理

1—上接线端 2—短路快速跳闸衔铁 3—螺钉 4—下接线端 5—过载跳闸装置
6—弹性连接板 7—短路快速跳闸拉杆 8—动触头臂 9—转换机构 10—拉杆 11—释放锁件
12—转换轴 13、18—灭弧板 14—滚轴 15—转换杆 16—动触头 17—静触头

式导弧角。

(3) 传动机构 传动机构用来操纵主触头闭合。传动形式有手动传动和电磁机构传动。

(4) 自由脱扣机构 自由脱扣机构位于传动机构与主触头之间,用来保证当电路发生短路时,传动机构还能起作用,高速断路器能够可靠地通断电路。

(5) 最大电流释放器 即过载时通过拉杆作用于自由脱扣机构而断开,短路时直接撞击锁钩断开电路。

(6) 最小电压释放器 通过电磁机构作用,衔铁直接作用在锁钩上,使锁钩释放,主触头在断开弹簧作用下断开电路。最低电压 DC 77V。

(7) 辅助开关 辅助开关用于联锁、指示、控制作用。

5. 高速断路器工作原理

(1) 主体的工作原理 主体的工作原理分为以下三个部分。

1) 闭合:电流通过电磁元件带动主触头,使得动触头搭上定触头。

2) 断开(维持电流断开):维持电流断开之后,动触头在弹簧带动下打到"开"位。

3) 断开(直接过电流释放):经过断路器的电流超过设定的释放阈值后,均衡就被破坏,而动触头在弹簧带动下打到"开"位。

具体的工作原理如下:高速断路器的通断由高速断路器按钮控制。按下高速断路器按钮,列车控制电路工作,断路器线圈得电工作,带动机械锁位装置动作,高速断路器置"合"位并保持不变。分断时,欠电压脱扣装置动作,高速断路器分断。高速断路器每极有一个带有固定脱扣整定机构的短路快速跳闸装置。另外,每设置一个过载跳闸开关,其跳闸值均可通过刻度盘来调整。

如图 2-15 所示,当高速断路器闭合以后,电流从上接线端 1→静触头 17→动触头 16→

动触头臂 8→弹性连接板 6→下接线端 4，产生过载跳闸装置 5 的磁场。当电流值超过其整定值时，该装置动作，通过拉杆 10→释放锁件 11→转换机构 9，转换轴 12 转至"分"位，同时带动动触头 16，使触头分断。

在短路故障情况下，过载跳闸系统动作慢。短路快速跳闸衔铁 2 首先动作，通过撞击螺钉 3，直接撞击动触头臂 8，由转换杆 15 和滚轴 14 之间的专用压紧装置迫使动静触头快速分断。由于短路快速跳闸装置的作用，操纵短路快速跳闸拉杆 7，转换机构解锁，转换轴 12 转至"分"位，同时带动动触头臂 8。

触头分断产生的电弧由电磁系统吸入灭弧栅内进行分割、冷却。此外高速断路器合闸线圈设计为短时工作制，其线圈只能短时通电（到合闸位靠机械联锁），断路器触头闭合后线圈不再通电，断路器分断之后再次合闸要求时隔 2min 以上。

（2）灭弧室工作原理　电路断开时，触头之间将产生电弧，并在磁场作用下向灭弧装置移动。在热力学和磁效应影响下，电弧被吸入灭弧室。灭弧室由金属片叠加而成，可分割电弧，产生逆向电动势，消减电弧。

6. 高速断路器控制

（1）高速断路器闭合条件　牵引逆变器电子控制单元闭合高速断路器应符合以下条件：
1）存在高速断路器闭合请求，且无断开条件。
2）充电接触器及电路接触器已打开。
（2）高速断路器断开条件
1）牵引逆变器控制单元断开"保持"命令。
2）无紧急制动列车电路断开。
3）列车网络管理系统未授权闭合高速断路器。
4）授权闭合高速断路器列车电路通电。
5）牵引系统故障，请求断开高速断路器。

二、主接触器结构与原理

主接触器的内部结构如图 2-16 所示。其作用是一种用来频繁接通和切断主电路的自动切换电器，且能远距离自动控制，操作频率高，通断电流较大。

图 2-16　主接触器内部结构

电磁接触器工作原理：

（1）接通过程　线圈未通电时，衔铁在反力弹簧作用下保持在释放位置。当线圈得电后，铁心在电磁力作用下带动驱动杆克服反力弹簧运动。

动触头在驱动杆带动下，触头上部与静触头点接触，随着驱动杆继续运动，触头上压力不断增加，动触头在静触头上边滚动边滑动，进行研磨，一直到电磁力与反力弹簧力平衡为止，接触点移到触头下部，完成触头闭合，主接触器进入工作状态。

同时辅助触头依靠驱动凹轮，同步打开或闭合。

（2）断开过程　断开的过程则相反，失电后，电磁力小时，反力弹簧起作用，主触头分断，同时辅助触头的状态也跟着变化。主触头闭合的研磨过程，将其表面的氧化物或污物擦掉，减小接触电阻。触头断开的反力可使触头分断时所产生的电弧不致损坏正常接触点。反力主要由弹簧力产生，通常是圆柱螺旋弹簧。

任务三 牵引逆变器结构与原理认知

任务目标

1. 了解牵引逆变电路的原理。
2. 掌握牵引逆变器的结构与原理。

知识课堂

一、逆变电路的原理

在实际应用中,需要将直流电能变成交流电能,这种电能的变换过程称为逆变。把直流电能逆变成交流电能的电路称为逆变电路。

如果将逆变电路的交流侧接到交流电网上,把直流电逆变成同频率的交流电反送到电网去,称为有源逆变,它用于直流电动机的可逆调速、绕线转子异步电动机的串级调速、高压直流输电和太阳能发电等方面。

城市轨道交通车辆供电系统是直流电能供电,而负载——牵引电机,通常需要交流供电,这就需要将直流电能变成交流电能。此时,电路能实现直流电能变换成交流电能的逆变,且交流侧不与电网连接,而是直接接到负载,即将直流电逆变成某一频率或可变频率的交流电供给负载,称为无源逆变。无源逆变技术城市轨道交通车辆逆变器应用的主要技术。

1. 逆变器的分类与性能指标

(1) 逆变电路的分类 逆变器应用广泛,类型很多,概括起来可分为如下类型。

1) 根据输入直流电源特点分类。①电压型:电压型逆变器的输入端并接有大电容,输入直流电源为恒压源,逆变器将直流电压变换成交流电压;②电流型:电流型逆变器的输入端串接有大电感,输入直流电源为恒流源,逆变器将输入的直流电流变换为交流电流输出。

2) 根据电路的结构特点分类。①半桥式逆变电路;②全桥式逆变电路;③推挽式逆变电路;④其他形式:如单管晶体管逆变电路。

3) 根据换流方式分类。①负载换流型逆变电路;②脉冲换流型逆变电路;③自换流型逆变电路。

4) 根据负载特点分类。①非谐振式逆变电路;②谐振式逆变电路。

逆变器的用途十分广泛,可以做成变频变压(VVVF)电源,主要用于交流电动机调速。也可以做成恒频恒压(CVCF)电源,其典型代表为不间断电源(UPS)、航空机载电源、机车照明,通信等辅助电源也要用 CVCF 电源。还可以做成感应加热电源,例如中频电源、高频电源等。

逆变器的输出可以做成多相,实际应用中可以做成单相或三相。近年来,在一些要求严格的场合,为提高运行可靠性而提出制造多于三相的电动机,这类电动机就需要合适的多相逆变器供电。以往,中高功率逆变器采用晶闸管开关器件,晶闸管是半控型器件,关断晶闸管要设置强迫关断(换流)电路,强迫关断电路增加了逆变器的质量体积和成本,降低了可靠性,也限制了开关频率。现今,绝大多数逆变器都采用全控型的电力电子器件。中功率逆变器多用 IGBT,大功率多用 IGBT 或 GTO,小功率则广泛应用 MOSFET。

(2) 逆变器的性能指标　无源逆变电路通常简称为逆变电路或逆变器。在逆变器中,要求输出的基波功率大、谐波含量小、逆变效率高、性能稳定可靠,除此之外还要求逆变器具有抗电磁干扰(EMI)能力强和电磁兼容性(EMC)好的特点。为此,在实际应用中,必须精心设计逆变器并选择适当的控制方式,使之满足上述要求。一般地说,衡量逆变器的性能指标如下:

1) 谐波系数 HF (Harmonic Factor)。谐波系数 HF 定义为谐波分量有效值同基波分量有效值之比,即

$$HF = \frac{U_n}{U_1}$$

式中, $n=1,2,3,\cdots$,表示谐波次数, $n=1$ 时为基波。

2) 总谐波系数 THD (Total Harmonic Distortion)。总谐波系数表征了一个实际波形同其基波的接近程度。THD 定义为

$$THD = \frac{1}{U_1}\sqrt{\sum_{n=2,3,4,\cdots}^{\infty} U_n^2}$$

根据上述定义,若逆变器输出为理想弦波时,THD 为零。

3) 逆变效率。逆变器的效率即是逆变器输入功率与输出功率之比。如一台逆变器输入了 100W 的直流电能,输出了 90W 的交流电能,那么,它的效率就是 90%。

4) 单位重量的输出功率。它是衡量逆变器输出功率密度的指标。

5) 电磁干扰(EMI)和电磁兼容性(EMC)。

2. 逆变电路的工作原理

逆变电路的主要功能是将直流电逆变成某一频率或可变频率的交流电供给负载。最基本的逆变电路是单相桥式逆变电路,它可以很好地说明逆变电路的工作原理。

u_d 为直流输入电压,R 为逆变器的输出负载。当开关管 T_1、T_4 导通,T_2、T_3 截止时,逆变器输出电压 $u_o = u_d$;当开关管 T_1、T_4 截止,T_2、T_3 导通时,输出电压 $u_o = -u_d$。当以频率 f_s 交替切换 T_1、T_4 和 T_2、T_3 时,则在电阻 R 上获得如图 2-17 所示的交变电压波形,其周期 $T_s = 1/f_s$,这样,就将直流电压 u_d 变成了交流电压 u_o。u_o 含有各次谐波,如果想得到正弦波电压,则可通过滤波器滤波获得。

如图 2-17 所示,主电路开关管 $T_1 \sim T_4$,它实际是各种半导体开关器件的一种理想模型。

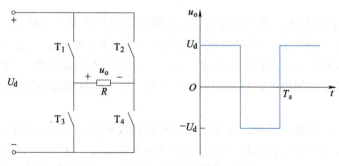

图 2-17　单相桥式逆变电路工作原理

逆变电路中常用的开关器件有快速晶闸管、门极关断（GTO）晶闸管、功率晶体管（GTR）、功率场效应晶体管（MOSFET）和绝缘栅晶体管（IGBT）。

二、城轨车辆牵引逆变器的发展

在城市地铁与轻轨车辆电气系统中，牵引逆变器指的是DC-AC（直流-交流）逆变系统。随着电力电子技术发展，它们在轨道车辆中的应用也在不断地进步与发展。这些变流系统中的电力电子器件都经历过从半控型晶闸管、全控型晶闸管到绝缘栅双极型晶体管的发展过程。

IGBT器件是电压驱动的全控型开关器件，脉冲开关频率高，性能好，损耗小，且自保护能力也强。随着器件发展，还会有性能更好的电力电子器件进一步替代，这是科技发展的必然趋势，标志着科技的进步。目前，世界上无论是干线铁路还是城市轨道电动车辆的电气系统中均采用IGBT模块。

随着IGBT性能的迅速发展，IGBT模块的电压等级和电流容量在不断提高，从1991年生产出了小型IGBT模块，其电压等级为1200V/300A，很快取代了在工业上通用变频器中所用的双极型晶体管；1993年出现了1700V/300A的IGBT，并已开始在城市电车上获得推广应用；到2000年后更出现了1700V/2400A、3300V/1200A和6500V/600A的高压IGBT，这些高压HV-IGBT很快地应用到了铁道与城市地铁轻轨车辆中。其性能优越，为绝缘型模块，整机的结构设计紧凑轻巧，且采用了低感母线技术与软门极的驱动技术并解决了热循环的寿命问题。

目前，HV-IGBT模块已成为轨道电力牵引系统中应用的主导元件，IGBT在牵引领域的发展历程如图2-18所示。

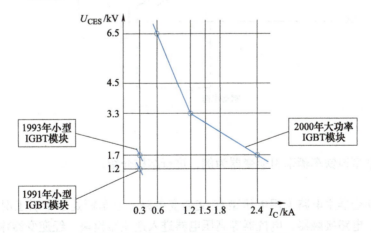

图2-18　IGBT在牵引领域的发展历程

随着城市发展，城轨交通供电电压从早期的DC 600V和DC 750V发展为DC 1500V网压制，以适应大城市大客流量发展的需要。网压的提高对电力电子器件的电压等级提出了更高的要求，IGBT模块的电压等级也从1200V发展到1700V、3300V以及4500V和6500V电压等级水平。

IGBT逆变器模块的优点为

1）开关损耗小，允许使用较高的开关频率，装置性能更好。

2）吸收电路小型化，甚至目前无须吸收电路，从而简化了逆变器主电路。
3）绝缘式模块结构便于设计与组装，简化了整个装置的结构。
4）开关转换均匀，提高了稳定性和可靠性。
5）并联简单，便于标定变流器功率等级。
6）作为电压驱动型器件，只需简单的控制电路来实现良好的保护功能。

三、城轨车辆牵引逆变器的结构组成

一般地，在牵引逆变器中包括：1个牵引逆变器模块、1个电路滤波器、1个充电电路、1个接地故障传感器、1个外部风机和1个内部风机。其中，牵引逆变器模块包括：三相逆变器、2个制动斩波器、1个驱动控制单元 DCU/M、1个电源单元、IGBT 门驱动单元、2个输出相电流传感器、1个 DC-link 的电流传感器和1个 DC-link 的电压传感器；电路滤波器包括：2个 DC-link 电容器和2个滤波感应器；充电电路包括：2个分离接触器、1个充电接触器和1个充电电阻。

牵引逆变器将高压箱提供高压电源转换成变频变幅的对称三相电压，供给牵引电机。牵引逆变模块单元的控制电路是由列车电池提供110V 直流电。

直流电压通过牵引逆变器转换成变频变幅的三相交流电压驱动或制动牵引电机。其作用原理图如图 2-19 所示。

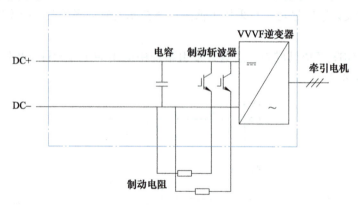

图 2-19 牵引逆变器作用原理示意图

下面，以某型地铁车辆牵引逆变器为例，进行结构介绍。

1. 概述

该型牵引逆变器主电路采用电压型直-交逆变电路，当车辆处于牵引工况时，高压电源经高速断路器、电路接触器、电抗器等高压电器进入逆变器模块，经逆变器输出三相变压变频（VVVF）的交流电，为异步牵引电机供电。当车辆处于再生制动工况时，逆变器将异步牵引电机输出的三相交流电压整定成直流电压，反馈回电网。电阻制动环节及三相逆变器的开关管均为 IGBT 元件。牵引逆变器有电压传感器和电流传感器，电压传感器能检测直流网压，逆变器模块电压；电流传感器能检测逆变器输出电流，具有过电压、过电流和过热保护功能。其主要组成部分如图 2-20 虚线框内。

牵引逆变器内装有逆变器模块，主要功能是将输入到牵引逆变器的直流电转化为三相电压和频率可变的交流电，输出给牵引电机。其斩波相的开关实现使用制动电阻器进行过电压保护或电阻制动。

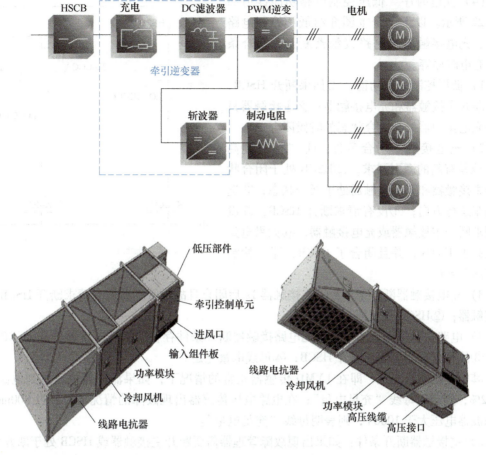

图 2-20 牵引逆变器组成

工作原理：高压电源通过第三轨，受流器，高速断路器进入牵引逆变器，给牵引逆变器滤波电容充电；当滤波电容端电压达到网压的 80% 以上时，高压电再经过牵引逆变器逆变回路，输出交流电压至 4 台牵引电机，最终实现列车牵引。

2. 预充电电路

预充电电路设计用于确保输入滤波充电的软启动。其组成包括 1 个限制充电电流的电阻、1 个充电接触器和 1 个主接触器，如图 2-21 所示。

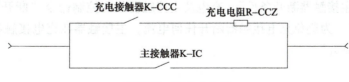

图 2-21 预充电电路

（1）主接触器　主接触器为电磁控制的单极装置。
（2）充电接触器　充电接触器为电磁控制的单极装置，用于主电路在 DC 1500V 下的操作。它可以为斩波器和逆变器上的输入滤波器进行预充电。
（3）充电电阻　充电电阻为带自然对流的陶瓷类电阻器。

（4）充电时序　低压控制电路功能详情如图 2-22 所示。以下结合本图介绍低压控制电路功能、充电接触器及电路接触器断开、闭合条件，充电时序等。

1）低压控制电路功能：①如果断开 HSCB，则将断开主接触器和充电接触器；②主接触器只能在充电接触器处于闭合状态的时候闭合。

2）充电接触器闭合条件：①"检测到高压"或是有新的牵引需求；②HSCB 处于闭合状态与主接触器和充电接触器处于断开状态；③选择列车运行方向；④没有请求断开 HSCB；⑤没有请求断开主接触器或充电接触器；⑥如果电路电压高于 1000V，并且闭合了 HSCB，即"检测到高压"=1。

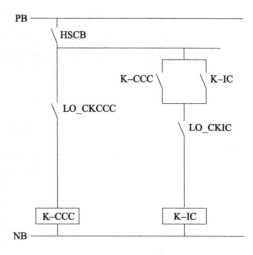

图 2-22　充电时序-低压控制电路功能

3）充电接触器断开条件：①主接触器 1s 后闭合且故障管理器没有请求断开 HSCB 或电路接触器；②HSCB 处于闭合状态。

4）电路接触器闭合条件：①无电路接触器断开条件存在；②充电接触器和 HSCB 已闭合；③故障管理器无请求断开 HSCB；④母线电量充足。

其中母线电量充足，即在 LVMD 传感器正常的情况下，如果滤波器电压达到电路电压的 92%，则表明母线"充足电量"；在电路电压传感器出现故障的情况下，经过 800ms，如果滤波器电压大于 1000V，则表明母线"充足电量"。

5）主接触器断开条件：如果出现故障管理器需要断开主接触器或 HSCB 处于断开状态，则断开主接触器。

6）充电时序：在牵引控制单元初始化时，充电及主接触器收到命令控制"断开"。充电时序如下所示：

第 1 步：充电接触器及主接触器收到"断开"控制命令。

第 2 步：当"充电时序启动条件"存在时，充电接触器收到"闭合"控制命令。

第 3 步：当"主接触器闭合条件"存在时，主接触器收到"闭合"控制命令。

第 4 步：当"充电接触器断开条件"存在时，充电接触器收到"断开"控制命令。

第 5 步：当"主接触器断开条件"存在时，主接触器收到"断开控制"命令。

一旦存在"主接触器断开条件"，充电及主接触器收到控制命令"断开"（退出作用步骤并回到第 1 步）。为避免充电接触器断开任何电流，主接触器在充电接触器断开的情况下收到命令控制"断开"。

3. 电路电抗器

电路电抗器安装在牵引器内，电抗器按 IP20 的防护等级设计，经过两个电缆锁紧头，通过螺栓连接的方式将电路电抗器与电源连接。电路电抗器同电路滤波电容可保护牵引逆变器，使其免遭电压浪涌的威胁，以提供稳定的直流输入。此外还可控制电路中的谐波抑制效应。电路滤波电容集成在功率模块中。

4. 功率模块

牵引逆变器使用 IGBT 功率半导体，允许高转换频率。通过减少半导体的死区时间以减少谐波电流,这将使得交流波形更加平顺,以减少牵引电机损耗。

温度传感器和热控开关为功率模块提供了过温保护。

如图 2-23 所示,三相桥式逆变电路中应用 IGBT 全控型器件作为逆变开关。从电路结构上看,如果把三相负载看成三相整流变压器的三个绕组,可控 IGBT 电路用来实现直流到交流的逆变,不可控电路二极管为感性负载电流提供续流回路,完成无功能量的续流和反馈,因此 VD1~VD6 称为续流二极管或反馈二极管。

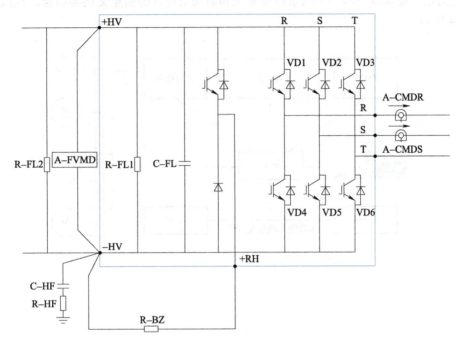

图 2-23 功率模块电路

(1) 主要组件 功率模块主要由安装于强迫风冷的散热器上且带有过温保护功能的 IGBT、集成于功率模块内的滤波电容器、门极驱动、滤波放电电阻器组成。

(2) 辅助组件 除 IGBT 模块外,功率模块还具有 EMC 滤波电容器和电阻器、冗余的滤波放电电阻器、相关电流和电压传感器。

(3) 逆变器功能 逆变器功能通过 IGBT 模块总成实现。直流支撑回路通过电路电抗器连接 1500V 直流电网。IGBT 按 PWM 模式控制,以精确控制输出相振幅、相位和频率,从而为电机提供正确的电压波形,以实现牵引和制动的参考扭矩。电机可以消耗功率(牵引)或产生功率(制动),两种工作模式均可由逆变器控制。

5. 冷却风扇

冷却风扇用于冷却功率模块和输入电抗器。冷却系统采用强迫风冷方式。冷却风机使用 AC 380V 三相交流风机。散热器的设计将考虑空气污染、灰尘堆积对散热效果的影响,对风道通路和散热器结构进行优化设计,冷却风经风道格栅进行过滤,无须维护和更换。

牵引风机及制动电阻风机均通过 400V 接触器控制。在牵引风机及制动电阻风机回路中串联 400V 断路器,用于保护 400V 电路不受牵引风机中任何电气故障(如接地漏电)的损害而导致过电流故障出现。

6. 牵引控制单元（PCE）

（1）牵引控制单元组成　牵引控制单元由多个控制电子装置组成，这些电子控制装置均基于单板架构，由母板和可携式板构成，可以支持基于现场可编程门阵列（FPGA）的灵活控制界面相关的电子信号处理器（DSP）。

（2）牵引控制单元功能　牵引控制单元主要负责控制牵引逆变器内其他部件的工作与列车通信，实现系统管理、逆变器监控、检测并纠正打滑和空转、故障检测、牵引和制动过程中产生的扭矩需求以及与列车网络控制系统和制动系统等的信息交换等功能，其系统结构如图 2-24 所示。

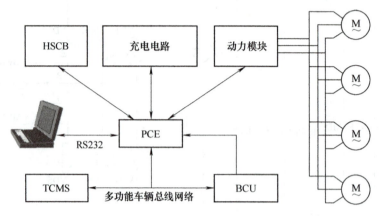

图 2-24　电子控制设备框架及外部接口图

任务四　牵引电机结构与原理认知

任务目标

1. 了解交流牵引电机结构组成。
2. 掌握交流牵引电机控制原理。

知识课堂

城市轨道交通车辆牵引传动系统有直流牵引传动系统、交流牵引传动系统。与之对应的电机有直流电机、交流电机和直线电机。直流牵引系统已不再是主流牵引传动系统,仅有极少部分城轨系统还有少量使用,所以在此不再做介绍。随着科学技术的发展和人们对交流牵引传动系统的认识,近年来交流牵引传动系统以效能高、噪声小等优势,正在被城市轨道交通系统所采用。本任务,就以交流电机为例进行相关知识的介绍。

一、交流电机结构与特点

1. 概述

牵引电机是城轨车辆的重要部件之一,它通过齿轮与轮对相连,在牵引状态时,将电能转换成机械能,通过齿轮箱驱动列车运行;当列车在再生制动状态时,牵引电机将机械能转换成电能,产生再生制动力,此时电机处于发电状态。列车在运行中,牵引电机的工况十分恶劣,牵引电机要在起动、爬坡这样的大电流状态下运行;要在平直道上轻载高速状态下运行;要在过弯道、道岔这样的冲击和振动状态下运行;还要能适应沿海盐雾潮湿、内地风沙干燥的环境。

2. 交流电机的特点

(1) 构造相对简单　较之于直流牵引电机,交流电机除轴承外,没有其他机械接触部分,电机转速可高达 4000r/min。由于异步电机结构紧凑、重量轻,使得交流电机牵引车辆簧下重量小,对轨面的冲击力小。

(2) 单位重量功率高　交流牵引电机结构简单、转速高,所以其单位重量功率(kW/kg)能够做到直流电机的 2~3 倍。城轨车辆使用的交流牵引电机功率普遍可达到 200kW。

(3) 黏着性好　由于交流电机具有机械硬特性,当电机空转时,转矩迅速降低,具有很强的黏着自恢复的能力。能配合防空转设备,准确、迅速地改变逆变器输出的电压和频率,最大化地利用黏着。

(4) 可靠性高、维修简便　交流牵引电机无换向器、无电刷装置,除轴承外,无摩擦部件,因此故障率低。

3. 交流电机的结构

交流电机为带有外壳的电机,用于在车辆内横向安装。电机的冷却通过安装在 N 端的一个内部风扇实现。进气口位于进气滤网上方 D 端的前方;排气滤网位于 N 端一侧,如图 2-25、图 2-26 所示。

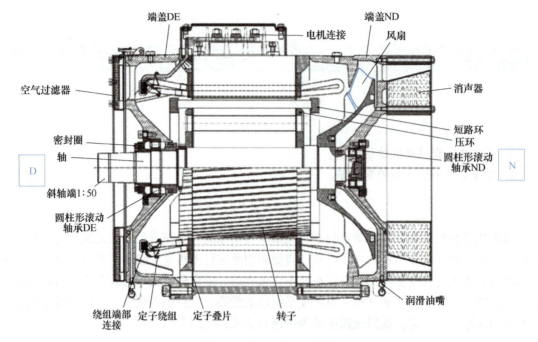

图 2-25 交流电机内部结构

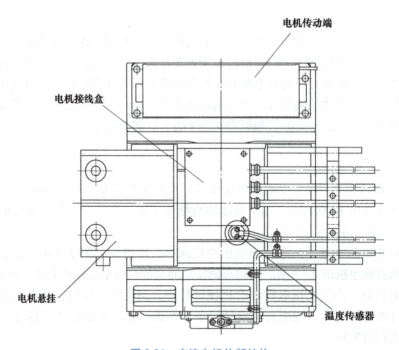

图 2-26 交流电机外部结构

（1）定子　定子由定子铁心、定子绕组和机座三部分组成。铁心的作用是作为电机磁路的一部分和嵌放定子绕组，如图 2-27 所示。为减少交变磁场在铁心中的损耗，铁心一般采用导磁性能良好、损耗小的 0.5mm 的硅钢片冲制叠压而成。为了嵌放定子绕组，钢片冲制若干个形状相同的槽，如图 2-27 所示。定子绕组是电机的电路，如图 2-28 所示。其作用是感应出电动势、流过电流、实现机电能量转换。定子绕组在槽内部分与铁心间必须可靠、绝缘。机座一般用铸铁做成，如图 2-28 所示，主要用于固定和支撑定子铁心，要求有足够的机械强度。

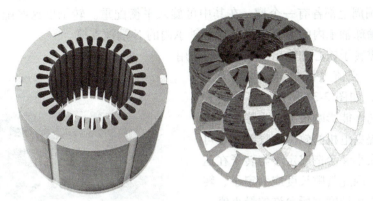

图 2-27　定子铁心和定子冲片

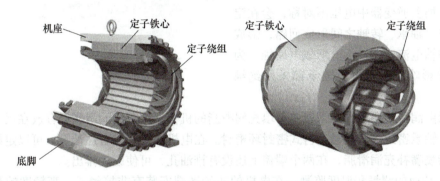

图 2-28　定子铁心与机座、定子绕组

定子铁心组件和定子壳体中提供有通风用的轴向风道。定子绕组被插入定子铁心组件的槽中，这些槽由槽盖密封。线圈的绕组端、线圈连接和连接线排采用铜焊焊接在一起。接线盒被铸造在定子壳体上，由接线盒盖覆盖。带有绕组的定子铁心组件满足耐热等级 200 的要求。

（2）转子　转子由转子铁心、转子绕组和转轴组成。转子铁心是电机磁路的一部分，铁心组件由绝缘钢片叠加而成，铁心组件采用冷缩装配的方法装配到由高强度热处理钢制成的转子轴上，同时轴端分别布置止推环。如图 2-29 所示。

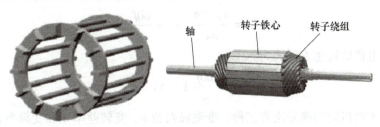

图 2-29　笼型转子和绕组

转子绕组作用是感应出电动势、流过电流和产生电磁转矩。转子分为笼型和绕线转子两种。以笼型电机为例，转子配有通风用的轴向风道。铜制转子导条位于铁心组件的槽中。它们与在 D 端和 N 端以铜焊连接的端环一起构成笼型绕组。用于电机冷却的内部风扇安装在轴的 N 端。用于速度监测的速度传感器可以在拆下盖之后安装。内部风扇（N 端）和止推环（D 端）在圆周上都各有一个槽，在其中可旋入平衡配重。转子以这些配重达到动态平衡。转子在深槽球轴承内的 D 端和圆柱滚柱轴承内的 N 端被支撑。

转轴起支撑转子铁心和输出机械转矩的作用。

（3）气隙　交流电机中定子与转子之间的气隙很小，如图 2-30 所示。气隙的大小对异步电机的性能影响很大，为降低电机的空载电流并提高电机的效率，气隙应尽可能小，但气隙太小又会造成定子与转子在运行中造成摩擦，因此气隙长度应为定子、转子运行中不造成机械摩擦所允许的最小值。

（4）轴承及润滑　由于电机本身磁路不对称，加上逆变器中电压不对称，会在定子、端盖、轴承、转轴之间形成回路，形成轴电压和轴电流，在轴承上形成电腐蚀，为消除这种影响，牵引电机轴承都采用绝缘轴承。

图 2-30　定子与转子间气隙

轴承由润滑脂润滑，并带有一个填充润滑脂的机构。用过的润滑脂被存放在尺寸足够的空间中。轴承密封由非接触迷宫式密封环密封。在电机端盖上设有注油嘴，可以定期通过锥形润滑脂喷嘴补充润滑脂，在两个端盖上还设有排油孔，可使废油排出。

（5）转速的测量和温度监测　在电机的非传动端安装有非接触式、高精度的测速传感器。为监测电机的温度并给控制系统提供用于参数修正的温度信号，在定子铁心内装有温度传感器。

（6）电机通风　电机通风采用自然通风。在非传动端 N 端装有铝合金离心风扇。电机进口装滤尘器，可使进入的空气洁净。

二、交流电机控制原理

1. 交流电机的调速特性

由基本公式：

$$S = \frac{n_0 - n}{n_0}, \quad n_0 = \frac{60f}{p}$$

可得异步电机的转速方程式为

$$n = \frac{60f}{p}(1 - S)$$

因此，异步电机的调速方法有三种：变磁极对数 p、变转差率 S 和变频率 f。

（1）变磁极对数 p 调速

方法：改变定子绕组的连接，可以得到两个不同的磁极对数。

多速电机：最多在电机中嵌入两套绕组，使绕组有不同的连接，可分别得到双速、三速、四速电机。其中双速应用较多。

特点：结构简单，效率高，特性好，体积大，价格高。

（2）转子电路串电阻（变转差率 S）调速

应用范围：只适用于绕线转子异步电机。

原理：电路和机械特性与串电阻减压起动相同。绕线转子异步电机的起动电阻，适当增大电阻的容量，可作调速电阻用。

特点：结构简单，动作可靠，是有级调速。

（3）变频率 f 调速

原理：改变交流电源的频率，就可以平滑地调节电机的转速。一般采用频率和电压同时改变的变频电源。

应用范围：用于笼型异步电机。变频调速是交流调速发展的方向，目前，城市轨道交通车辆普遍使用的就是这种调速方式。

2. 交流电机的控制方式

上文提到城市轨道交通车辆电机调速通常采用变频调速。只要改变输入频率 f_1 就可以实现平滑的调速。但是，为了满足列车实际运用时复杂的工况，在牵引的起始阶段应保持转矩不变，则需要保持 U/f_1 恒定；运行时应保持功率不变，则需要保持 U_2/f_1 恒定，因此在调节 f_1 的同时还需要调节电压，获得电压、频率均可调的交流电，即 VVVF 交流电。

获得 VVVF 交流电需要通过 VVVF 逆变器，因此，实际上用于交流电机控制的主要设备是牵引逆变器，对交流电机的控制，多数通过对牵引逆变器完成。下面介绍一种常用的脉宽调制调速方式——SPWM 控制。

（1）脉宽调制（简称 PWM）原理　为了得到电压及频率均可变的交流电，目前牵引逆变器主流是采用正弦波脉宽调制（简称 SPWM）方式。该技术是以正弦波作为变流器的输出期望波形，以频率比期望波高得多的等腰三角波作为载波，并用频率和期望波形相同的正弦波作为调制波，当调制波与载波相交时，由它们的交点确定逆变器开关器件的通断时刻，从而获得在正弦调制波的半个周期内呈两边窄中间宽的一系列等幅不等宽的矩形波，如图 2-31 所示。

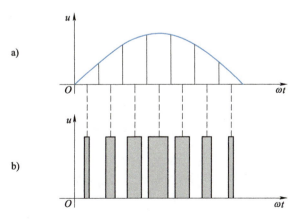

图 2-31　SPWM 正弦波脉宽调制

按照波形面积相等的原则，每一个矩形波的面积与相应位置的正弦波面积相等，因而这个序列的矩形波与期望的正弦波等效。这种调制方法称作 SPWM，这种序列的矩形波称作

SPWM 波。

（2）SPWM 控制方式　牵引变流器逆变器由 6 个绝缘栅门极晶体管开关组成，同一时间总是接通三个开关输出三相交流电。牵引变流器逆变器的开关控制采用 PWM，通过三角波载波和正弦调制波的比较得到开关控制脉冲信号。输出交流频率的调节通过改变正弦调制波的频率来实现，而交流电压的变化可以通过调节正弦调制波的幅值来实现。

在正弦调制波的半个周期内，三角载波只在正或负的一种极性范围内变化，所得到的 SPWM 波也只处于一个极性的范围内，叫作单极性控制方式，如图 2-32 所示。在正弦调制波半个周期内，三角载波在正负极性之间连续变化，则 SPWM 波也是在正负之间变化，叫作双极性控制方式，如图 2-33 所示。

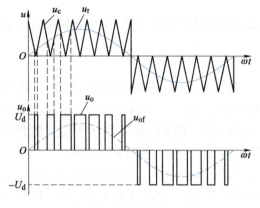

图 2-32　单极性控制方式

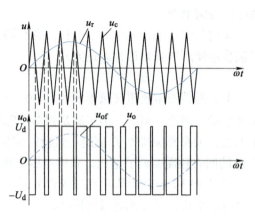

图 2-33　双极性控制方式

项目三 制动系统认知

　　制动系统在功能上是与牵引系统相对的城市轨道交通车辆组成系统。其主要功能是向车辆提供制动力，使车辆减速或保持静止。由于车辆的制动性能直接关系车辆行车安全，所以车辆制动系统相关作业是城市轨道交通车辆运用、检修作业中的重点环节。目前，城市轨道交通车辆采用的制动形式主要是电空复合的制动，其结构与工作原理较为复杂。本项目从制动原理、制动系统主要设备组成和制动形式等角度开展制动系统的相关知识介绍。

任务一 制动系统基础认知

任务目标

1. 了解制动相关的基本概念与原理。
2. 了解制动系统基本组成。

知识课堂

一、制动的基本概念

1. 制动和缓解

人为地使列车减速或阻止它加速叫作制动。制动包含两个方面的意思：一是使运动着的物体减速或停止；二是使静止的物体保持静止状态。反之，解除或减弱已实施制动列车的制动作用的过程则称为"缓解"。

由制动装置引起的，与列车运行方向相反并且司机能够根据需要控制其大小的外力称为制动力，该力是人为施加的阻力，远大于列车运行过程中自然产生的阻力。

制动力有多种产生方式，如图3-1所示，以摩擦制动中的踏面制动为例，用闸瓦紧压在车轮踏面上，通过闸瓦与踏面之间的摩擦，使得踏面与钢轨轨面产生黏着接触作用力，即所需要制动力。

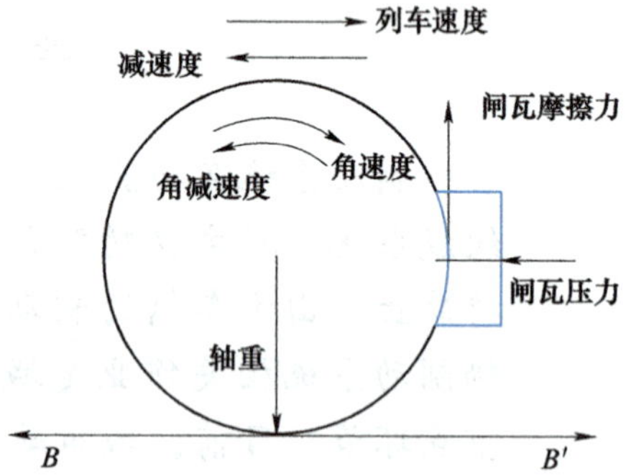

图 3-1 踏面制动制动力产生示意图

2. 制动距离

"制动距离"指从列车施行制动作用开始，到其完全停止所驶过的距离。该指标能够综合反映列车制动装置性能的优劣，制动距离越小，列车制动性能越好，安全性也越高。此外，还有一个制动（平均）减速度的概念也可作为制动性能的评价指标，该减速度指列车从施行制动到完全停止的速度变化量与所用时间的比值。

为确保行车安全，世界上每个国家都制定有自己的制动距离标准，即在紧急情况下最大允许的制动距离。各个城市轨道交通运营企业对这一指标没有做出统一规定。但是我国铁路部门对这一指标有着明确的规定。根据我国《铁路技术管理规程》的相关规定，对于不同速度等级的旅客列车和货物列车分别规定了紧急制动距离，见表3-1。

表 3-1 我国客货车紧急制动距离

分类	客车					货车	
速度/(km/h)	120	160	200	250	300	350	90	120
紧急制动距离/m	800	1400	2000	2700	3700	4800	800	1100

3. 压力与压强

理论上，压力是指物体间的作用力，单位为牛（N）；而压强是指物体单位面积上所受到力的大小，单位为帕（Pa）。在制动系统中，人们习惯将空气"压强"称为空气"压力"。例如：制动管"压力"为 600kPa，实际上是指制动管压强为 600kPa。城市轨道交通车辆制动系统中常以巴（bar）作为"压强"的计量单位，1bar=100kPa。

4. 压力空气

压力空气即压缩空气，俗称"风"。

5. 绝对压力及表压力

绝对压力是指压力空气的实际压力。

表压力是指压力表上所显示的压力。

绝对压力与表压力的关系：绝对压力=表压力+标准大气压（101kPa）。

6. 制动波和制动波速

（1）制动波　当司机施行制动时，由于空气波的存在，列车中各制动机的制动作用并不是全列车立即同时、同步地发生，而是有一个陆续发生的过程。在理想情况下，制动作用沿列车长度方向由前向后逐次发生，这种制动作用沿列车长度方向由前向后逐次传播现象，人们把它叫作"制动波"。

（2）制动波速　衡量制动波传播速度的物理量，称为制动波速。一般以"m/s"为计量单位。制动波速是综合评定制动机性能的重要指标。制动波速越高，表明列车前、后部制动作用的同时性越好；同时制动波速越高，则制动作用的传播长度可更长些，即能适应长大列车的要求。

7. 缓解波和缓解波速

与制动波和制动波速相似，当司机操纵制动机进行缓解时，缓解作用沿制动管长度方向由前向后逐次传播的现象，称为缓解波。其传播的速度称为缓解波速。

二、制动的意义

对于城市轨道交通车辆而言，制动性能的优劣不仅仅关乎于行车安全，更是对列车速度的提升有重要影响。想要实现速度上的提升，除了要有大的牵引功率外，同时也要有良有好的制动性能，保证高速下制动停车的可行性。制动装置对于城市轨道交通车辆的意义可以通过以下的例子来理解：

如图 3-2 所示，列车在甲、乙两站之间运行，该车从甲站出发，行驶了 S_0 距离后加速至 v_1，S_0 为起动加速距离，其大小由列车牵引功率决定。若 A 列车到达乙站停车，由于其制动功率较大，可以从 a 处实施制动，制动距离为 S_1。另一制动功率较小的列车 B 在与 A 同一运行速度下到达乙站停车，则需从 b 处开始实施制动，制动距离为 S_2。由于 B 车减少了高速行驶的时间，故列车 B 的技术速度低于 A。为保证行车安全，根据城市轨道交通

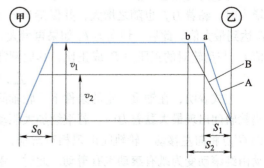

图 3-2　制动性能与区间速度和制动距离的关系

车辆运营管理有关规定，列车以固定的速度运行，就有与其对应的制动距离。若要在相同的

制动距离下停车,则 B 车必须将区间运行速度限制在 v_2,这样区间的运行速度就会下降。

由此可见,良好可靠的制动性能一方面能够保证列车在任何情况下都能实现减速、停车等功能,确保行车安全;同时也是提高列车牵引速度和运输能力,实现高效运输的必要前提。牵引与制动功能相互制约且相互促进,没有先进的制动设备就没有城轨运输的快速发展。

三、制动力的产生

常见的城市轨道交通车辆制动形式,其制动力多数为车轮与钢轨相互作用产生的。所以,不论制动形式是摩擦制动还是电气制动,最终产生使车辆减速效果的制动力多数来自轮轨接触。这种依靠轮轨接触作用才能产生的制动力被称为黏着制动力,依靠黏着制动力实施制动作用的形式,称为黏着制动。

1. 黏着

在图 3-3 中,P_i 为一个动轮对作用在钢轨上的正压力,又称为轮对的轴重。牵引电机作用在动轮对上的驱动转矩 M_i,可以用一对形成的力偶代替。力 F_i' 和 F_i 分别作用在轮轴中心的 O 点和轮轨接触的 O' 点,其大小为

$$F_i' = F_i = \frac{M_i}{R_i}$$

式中,R_i 为动轮半径。

在正压力 P_i 的作用下,车轮与钢轨的接触部分紧紧压在一起。

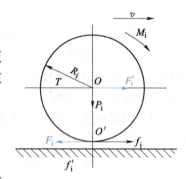

图 3-3 轮对与钢轨受力分析

切向力 F_i 使车轮上的 O' 点具有向左运动的趋势,并通过 O' 点作用在钢轨上。f_i' 表示车轮作用在钢轨上的力,其值 $f_i' = F_i$。由于轮轨接触处存在着摩擦,车轮上 O' 点向左运动的趋势将引起向右的静摩擦力 f_i,即钢轨对车轮的反作用力,其值 $f_i = f_i'$,f_i 称为轮周牵引力。因此,车轮上的 O' 点受到两个相反方向的力 F_i 和 f_i' 的作用,而且 $f_i = f_i'$,所以,O' 点保持相对静止,轮轨之间没有相对滑动,在力 F_i' 的作用下,车轮对做纯滚运动。

由于正压力而保持车轮与钢轨接触相对静止的现象称为"黏着"。黏着状态下的静摩擦力 f_i 称为黏着力。

轮轨间的黏着与静力学中的静摩擦的物理性质十分相似。驱动转矩 M_i 产生的切向力 F_i 增大时,黏着力 f_i 也随之增大,并保持与 F_i 相等。当切向力 F_i 增大到某个数值时,黏着力 f_i 达到最大值。此后,切向力 F_i 如果再增大,f_i 反而迅速减小。实验证明,黏着力 f_i 的最大值 f_{max} 与动轮对的正压力 P_i 成正比,其比例常数称为黏着系数,用 μ 表示,即

$$f_{max} = \mu P_i$$

上式表明,在轴重一定的条件下,轮轴间的最大黏着力由轮轨间黏着系数的大小决定。当轮轨间出现最大黏着力时,若继续加大驱动转矩,一旦切向力 F_i 大于最大黏着力,车轮上的 O' 点将向左移动,轮轨间出现相对滑动,黏着状态被破坏。这时,车轮与钢轨的相对运动由纯滚动变为既有滚动也有滑动。此时,钢轨对车轮的反作用力 f_i 由静摩擦力变为滑动摩擦力,其值迅速减小,并使车轮的转速上升。这种因驱动转矩过大,破坏黏着关系,使轮轨间出现相对滑动的现象,我们将其称为"空转"。当车轮出现空转时,轮轨间只能依靠滑动摩擦力传递切向力,因而传递切向力的动能大大减小,并且会造成车轮踏面和轨面的擦伤。

因此，牵引运行应尽量防止出现车轮的空转。

黏着系数是由轮轨间的物理状态确定的。加大每个动轮对作用在钢轨上的正压力，即增加轴重，可以提高每个动轮对的黏着力和牵引力。但是，轴重也受到钢轨、路基和桥梁等各种条件的限制，不可能无限制地增加。城市轨道交通车辆由于采用动车组形式，动轮对数量比一般铁路列车多，动力和黏着力较分散，牵引力总量又很容易达到，与铁路列车的动轮对和牵引力都集中在机车头的情况相比，城市轨道交通车辆利用黏着条件就相对好得多，因而对保护轮轨间的正常作用是很有利的。

2. 蠕滑

传统理论认为：钢轮相对钢轨滚动时，接触面是一种干摩擦的黏着状态，除非制动力或牵引力大于黏着力时才会转入滑动摩擦状态。但是现代研究表明，由于车轮和钢轨都是弹性体，滚动时轮轨接触处会产生弹性变形，这种新的弹性变形会使接触面发生微量滑动，称为"蠕滑"。对"蠕滑"的研究和分析，可以进一步深化我们对黏着的认识。

在车轮上正压力的作用下，轮轨接触处产生弹性变化，形成椭圆形的接触面。从微观上仔细观察，两个接触面是粗糙不平的。由于切向力 F_i 的作用，车轮在钢轨上滚动时，车轮和钢轨的粗糙接触面产生新的弹性变形，接触面间出现微量滑动，即所谓的"蠕滑"。

蠕滑的产生是由于在车轮接触面的前部产生压缩，后部产生拉伸；而在钢轨接触面的前部产生拉伸，后部产生压缩。随着动轮的滚动，车轮上原来被压缩的金属陆续放松，并被拉伸；而钢轨上原来被拉伸的金属陆续被压缩，因而在接触面的后部出现滑动。

如图 3-4 所示，切向力在接触面上形成两个性质不同的状态和区域；接触面的前部，轮轨间没有相对滑动，称为滚动区，用阴影线表示；接触面的后部轮轨间有相对滑动，称为滑动区。这两个区域的大小随切向力的变化而变化。当切向力增大时，滑动区面积增大，滚动区面积减小。当切向力超过某一极限值时，滚动区面积为零，只剩下滑动区，整个接触面间出现相对滑动，轮轨间黏着被破坏，车轮在钢轨上能够开始明显打滑，即出现"空转"。

蠕滑是滚动体的正常滑动。车轮在滚动过程中必然会产生蠕滑现象。伴随着蠕滑产生静摩擦力，轮轨之间才能传递切向力。由于蠕滑的存在，牵引时车轮的滚动圆周速度将比其轮心前进速度要大。这两种速度之间的差值称为蠕滑速度，并以一个无量纲比值蠕滑率 σ 来表示蠕滑的大小，即

$$\sigma = \frac{(\omega R_i - v)}{v}$$

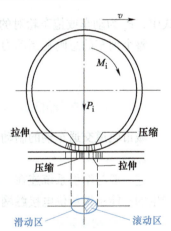

图 3-4 切向力在接触面上形成的滚动区和滑动区

式中，v 为车轮轮心前进速度；ω 为车轮转动的角速度。

轮轨间由于摩擦产生的切向力反过来作用于驱动机构，随着切向力的增大，驱动机构内的弹性应力也增大。当切向力达到极限时，由于蠕滑的积累波及整个接触面，发展成为真滑动；积累的能量使车轮本身加速，这时驱动机构内的弹性应力被解除。由于车轮的惯性和驱动机构的弹性，在轮轨间出现滑动-黏着-再滑动-再黏着的反复振荡过程，一直持续到重新在驱动机构中建立起稳定的弹性应力为止。

3. 制动力的形成

制动力的形成也是通过轮轨间的黏着产生的。

假设忽略其他各种摩擦阻力的情况下，轮对在平、直道上滚动惰性，如图 3-5 所示。若每块闸瓦以力 $2K$ 压向车轮踏面，闸瓦和踏面间引起与车轮转动方向相反的滑动摩擦力 $2K\varphi_K$（φ_K 为车轮踏面与闸瓦间的滑动摩擦系数）。对于列车来说该摩擦力是内力，不能使列车减速，可是它通过轮轨间的黏着，引起与列车运动方向相反的外力，以此来实现列车的减速或停车。

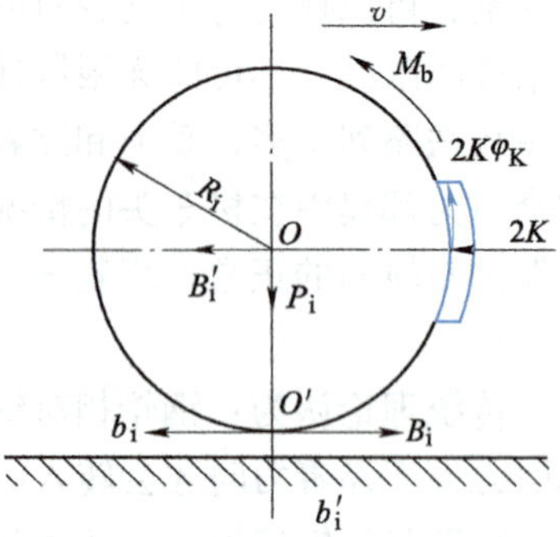

摩擦力 $2K\varphi_K$ 对车轮的作用效果，相当于制动转矩 M_b，即

$$M_b = 2K\varphi_K R_i$$

图 3-5 闸瓦制动时轮对与钢轨受力分析

用类似牵引力形成的分析方法，转矩 M_b 可以用轴心和轮轨接触处的力偶（B_i, B_i'）代替。力偶的力臂为车轮 R_i，作用力 $B_i = B_i' = M_b/R_i = 2K\varphi_K$，轮轨接触处因轮对的正压力 P_i 而存在黏着，切向力 B_i 将引起钢轨对车轮的静摩擦反作用力 b_i，$b_i = B_i = 2K\varphi_K$。b_i 作用在车轮踏面的 O'，作用方向与列车运行方向相反，是阻止列车运行的外力，称为制动力。制动力 b_i 也是轮轨间的黏着力，因而也受到黏着条件的限制，即

$$b_i \leq \mu_i P_i$$

式中，P_i 为动车或拖车轮对的轴重；μ_i 为制动时轮轨间的黏着系数。

整个列车的总闸瓦制动力为所有轮对闸瓦制动力之和，即

$$B = \sum b_i$$

四、制动系统的组成

城市轨道交通车辆的制动系统一般包括以下几个组成部分。

1. 动力制动系统

它一般与牵引系统连在一起形成主电路，包括再生反馈电路和制动电阻器，将动力制动产生的电能反馈给供电接触网或消耗在制动电阻器上。

2. 空气制动系统

它由供气部分（风源系统）、控制部分和执行部分（基础制动装置）等组成。

（1）供气部分　如图 3-6 所示，主要包括驱动电动机、空气压缩机组、空气干燥器、压

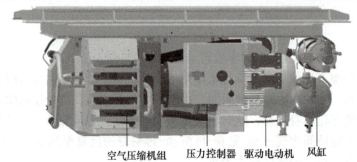

图 3-6　空气制动系统供气部分

力控制器、风缸及其他空气管路部件等。风源系统是向整个列车提供压缩空气的风源，它不仅针对空气制动系统，而且也为其他用风部件提供足够的、干燥的压缩空气，例如气动门、汽笛、空气弹簧（二系悬挂）和刮水器等。

（2）控制部分　控制部分由电-空（EP）转换阀、紧急阀、称重阀和中继阀等组成，在司机或其他控制装置的控制下产生、传递制动信号。

（3）执行部分　执行部分由闸瓦制动装置和盘形制动装置等基础制动装置组成。

3. 指令和通信网络系统

它既是传送司机指令的通道，同时也是制动系统内部数据交换及制动系统与列车控制系统进行数据通信的总线。

五、制动系统的功能

相比较于磁轨制动、涡流制动等制动形式，空气制动是城市轨道交通车辆制动的主流形式，几乎所有城市轨道交通车辆都备有空气制动系统。

城市轨道交通车辆空气制动系统通常具有常用制动、快速制动、紧急制动、空气制动防滑控制、停放制动等功能，是一个充分考虑安全的城轨车辆制动系统。该制动系统的优点：①高的控制性能和快速响应时间；②根据接口的要求，具有良好的灵活性；③高的可靠性和良好的可用性；④易于维护性；⑤具有故障识别和监测功能。

空气制动系统的常用制动功能通常是可以与电制动混合使用的，紧急制动采用独立的控制回路，系统具有更高的安全性。控制系统通常采用车控方式，主要由列车制动控制指令单元、制动控制装置（BCU）和基础制动装置等组成。BCU内设有监控终端，具有自诊断和故障记录功能。

制动系统的主要功能包括：

1）常用制动时，其制动力随输入指令大小无级控制，并可随载重变化自动调整，它优先利用再生制动力，不足部分由空气制动力补足。在制动过程中，制动力受减速率变化的限制控制。

2）快速制动时，其制动的方式与常用制动一致，但总制动力与紧急制动相同。

3）紧急制动时，采用纯空气制动的方式，其制动力受空重阀的调整，达到随载重变化的自动调整。

4）紧急制动不受减速率变化极限的控制。

5）独立紧急制动控制回路，如发生ATC紧急制动响应、列车分离、总风压力显著降低、电气回路断电、制动控制电源失电等，均能产生最高安全等级的制动方式。

6）具有故障码和状态信息的显示及与监控系统的通信接口。

7）对列车各轴实施滑行检测，并实施对空气制动的防滑保护。

8）具有弹簧储能方式的停放制动，实施充风缓解、无风制动。

9）制动力不足检测功能。

10）不缓解检测功能。

任务二　不同制动形式的认知

1. 了解不同制动形式的工作原理。
2. 掌握不同制动形式的设备构成。

按照不同的划分标准，城市轨道交通车辆制动形式有着不同的分类。

一、按照能量转移方式分类

从能量的角度分析，制动的实质就是将列车动能转化成其他形式的能量并且消耗掉。根据列车动能消耗方式的不同，制动方式可分为摩擦制动和动力制动。

1. 摩擦制动

摩擦制动是一种通过机械摩擦来消耗列车动能的制动方式。相对于动力制动而言，其优点是制动力与列车运行速度无关，即无论是在高速还是低速运行时，列车都具有制动能力，尤其是在低速时能对列车施行制动直至停车；其缺点是由于摩擦副热能散发能力有限，故制动能力有限，不太适用于高速运行下列车的制动。摩擦制动是列车最基本的制动方式，其主要包括闸瓦制动、盘形制动和磁轨制动等。

（1）闸瓦制动　闸瓦制动也称踏面制动，是自轨道交通运输诞生以来使用最广泛的一种制动方式。如图 3-7 所示，该方式是将闸瓦，即铸铁或其他材料制成的瓦状制动块紧压滚动着的车轮踏面，通过闸瓦与车轮踏面的摩擦产生制动力，并将列车的动能转变为热能耗散于大气。

（2）盘形制动　盘形制动是在车轴或车轮辐板侧面安装制动盘，用制动夹钳使两个闸片紧压制动盘侧面，通过摩擦产生制动力，将列车动能转变成热能，消散于大气。根据安装位置的不同可分为轴盘制动与轮盘制动，图 3-8 所示为轴盘制动。

图 3-7　闸瓦制动

图 3-8　盘形制动（轴盘）

与闸瓦制动相比，盘形制动可大大减轻车轮踏面的热负荷和机械磨耗，并且可以按制动要求选择最佳"摩擦副"。考虑到制动盘需要具有良好的散热性，在制动盘的中间部分设计有散热筋片，更适宜高速列车。此外，盘形制动平稳，几乎没有噪声。故高速列车的空气制动系统普遍采用盘形制动方式。

（3）磁轨制动　磁轨制动是通过将车辆转向架上的磁铁吸附在轨道上并使磁铁在轨道上滑行，通过电磁铁上的磨耗板与钢轨之间的滑动摩擦产生摩擦制动力的制动方式。磁轨制动分为电磁型磁轨制动和永磁型磁轨制动，其最大的优点是产生的制动力不受轮轨间的黏着条件限制，其主要区别在于选用磁铁的不同，前者采用的是电磁铁，后者为永久性磁铁。其结构如图 3-9 所示。

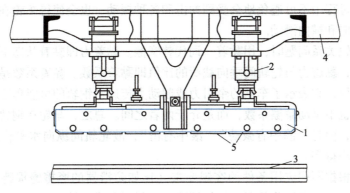

图 3-9　轨道电磁制动
1—电磁铁　2—升降风缸　3—钢轨　4—转向架结构侧梁　5—磨耗板

磁轨制动工作原理

2. 动力制动

动力制动是指利用某种能量转换装置，将运行中列车的动能转换为其他形式的能量，并予以消耗的制动方式。动力制动的基本原理是使牵引电机作为发电机工作而产生制动力，所产生的电能可以在制动电阻上转变为热能发散（电阻制动）或反馈至供电网（再生制动），高速列车中多采用再生制动。再生制动的制动力与列车运行速度有很大关系，列车速度越高，制动力越大，随着列车速度的降低，制动力也随之下降，故动力制动适合高速行驶下列车的制动。动力制动包括电阻制动、再生制动、旋转涡流制动以及轨道涡流制动等。

（1）电阻制动　电阻制动是在制动时将原来驱动轮对的自励牵引电机改变为他励发电机，由轮对带动发电，并将电流通往专门设置的电阻器，采用强迫通风，使电阻器产生的热量消散于大气而产生制动作用。

（2）再生制动　与电阻制动相似，再生制动也是将牵引发机变为发电机，不同的是，它将电能反馈回电网，使本来由电能变成的列车动能再生为电能，而不是变成热能消散掉。目前，我国的动车组均采用再生制动方式。

（3）旋转涡流制动　旋转涡流制动是在牵引电机轴上装有金属盘，制动时金属盘在电磁铁形成的磁场中旋转，金属盘表面感应出涡流，产生电磁吸力，并消散于大气，从而产生制动作用。此种制动方式广泛应用于日本新干线 100 系、300 系和 700 系动车组的拖车上。

涡流制动机结构

（4）轨道涡流制动　轨道涡流制动又称线性电磁涡流制动。它与上述磁轨制动很相似，也是把电磁铁悬挂在转向架侧架下面同侧的两个车轮之间。不同的是，轨道涡流制动的电磁铁在制动时只是放至距轨面 7~10mm 处，而不与钢轨接触，利用电磁铁与钢轨间的相对运动引起电涡流作用形成制动力，并把列车的动能变为热能消散于大气。

二、按制动力形成方式分类

按车辆制动力的获取方式，可分为黏着制动与非黏着制动，这是按照制动力形成是否依赖于轮轨之间的黏着关系而划分的。

车辆运行过程中，主要通过车轮与钢轨之间的黏着–蠕滑作用进行牵引力的传递，也主要利用轮轨之间的黏着关系进行制动。

随着车轮的滚动，车轮会在轮轨接触部位发生从拉伸到压缩的状态转变，而钢轨在该处的状态转变情况则与之相反，因而轮轨之间必然存在相对滑动。此外，由于车轮采用锥形踏面，列车在运行过程中不可避免地会受到冲击和各种振动，也会使得车轮在钢轨上滚动的同时伴随些许的纵向和横向滑动。

故在研究轮轨关系问题时，用黏着一词代替摩擦。黏着力即黏着状态下轮轨间纵向水平作用力的最大值，黏着力与轮轨间垂向载荷的比值即黏着系数。黏着系数是表示车轮与钢轨间黏着状态的指标，它表示了车辆的牵引力或制动力传递给钢轨的可能程度，黏着系数既不是静摩擦系数，也不是动摩擦系数，而是介于两者之间。总之，车轮在钢轨上的运动不是纯粹的静摩擦状态，而是"静中有微动""滚中有滑"，故轮轨间纵向水平作用力的最大值比最大静摩擦力要小得多。

黏着系数是根据不同应用条件的客观要求（比如防滑器的摩擦磨损特性、是否装有闸片、车轮踏面状态、轴重转移状况、气候情况、运行区段线路情况、制动距离要求、列车最高运行速度等）进行人为选取的。不同季节、不同地点、不同车型的黏着系数都有所不同。

在多数的制动方式中，如闸瓦制动、盘形（包括油压卡钳盘式、涡流盘式）制动、电阻制动和再生制动均属于黏着制动，因为其制动力的产生都离不开轮轨间的黏着关系，即轮轨接触区域必须有黏着作用，并且制动力的大小受黏着限制。

相比而言，磁轨制动与轨道线性涡流制动制动力的产生与轮轨间的黏着作用没有直接关系，磁轨制动只取决于制动体与钢轨之间因接触摩擦所产生的制动力，轨道线性涡流制动因电涡流作用而产生电磁力，故二者均属于非黏着制动。

三、按操纵控制方式分类

按制动力的操纵控制方式，车辆所采用的制动方式可分为空气制动、电制动和电空复合制动三类。

空气制动与电气制动系统组成

1. 空气制动

空气制动又分为直通式空气制动和自动式空气制动两种。

（1）直通式空气制动 图3-10所示为早期的直通式空气制动机，此方式通过制动阀把总风缸的压缩空气经列车管直接送入制动缸，直接在制动缸得到所需制动力，压强大小直接决定制动力的大小。这种制动机的制动阀结构较为简单，操纵上只有制动、保压、缓解三个位置。此种方式作用下，列车管充气，制动缸增压，产生制动作用；列车管排气，制动缸也排气，制动缓解。该制动方式的整个系统构成以及制动阀的结构都较简单，能够满足编组较短的列车制动、缓解时间的一致性；但对于较长编组的列车，由于所有制动缸全部由排空状态开始经列车管充气，空气容积大，列车制动力上升时间较长，此外，位于列车前部的车辆的制动缸制动时增压比后部车辆快，缓解时排气减压也较快，这就使制动作用一致性差，容易形成纵向冲击，故现在基本不用此种制动方式。

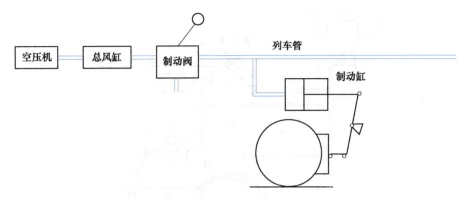

图 3-10　早期直通式空气制动机示意图

图 3-11 所示为目前普遍采用电气指令微机控制的直通式空气制动机，简称电控制动。该种制动方式将传输到制动计算机的电气指令经 EP 阀转换为空气指令，控制中继阀向制动缸提供压缩空气。

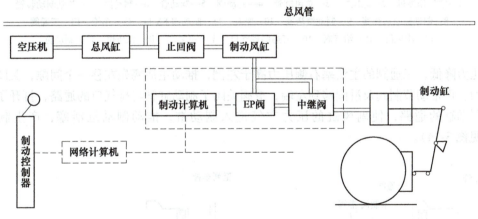

图 3-11　电气指令微机控制的直通式空气制动机示意图

（2）自动式空气制动　自动式空气制动机是通过制动阀改变列车管的空气压力，以此压力变化为控制信号，控制车辆制动机的三通阀（又称分配阀），使制动缸获得所需要的空气压力，再进行制动的，如图 3-12 所示。三通阀由主活塞、滑阀、节制阀等组成，一通制动管，二通副风缸，三通制动缸，是自动空气制动机最简单、最基本的控制阀。在自动式空气制动机作用下，列车管排气减压，制动缸充风，产生制动作用；列车管充气，制动缸排风，制动缓解。

制动阀位于不同工作状态时，三通阀结构如图 3-13～图 3-15 所示。

当制动手柄置于缓解位（即图 3-12 的 I 位）时，总风缸的压力空气经制动阀进入列车管，列车管压力升高，三通阀主活塞左侧压力升高，推动主活塞带动节制阀及滑阀右移，并打开上端充气沟，列车管内的压力空气经充气沟进入滑阀室和副风缸，向副风缸充气直至与列车管压力相等。同时，滑阀联络槽使制动缸管与排气口联通，制动缸内压力空气经三通阀的排气口排向大气，制动缸活塞由缓解弹簧推至缓解位，呈缓解状态（见图 3-13）。

当制动手柄置于制动位（即图 3-12 的 Ⅲ 位）时，列车管的压力空气经制动阀排出，列

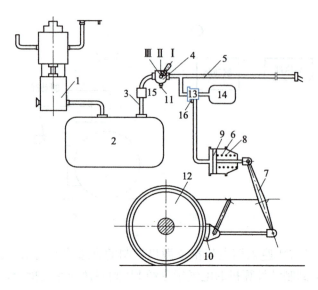

图 3-12 自动式空气制动机

1—空气压缩机 2—总风缸 3—总风缸管 4—制动阀 5—制动管 6—制动缸 7—基础制动装置 8—制动缸缓解弹簧 9—制动缸活塞 10—闸瓦 11—制动阀 EX 口 12—车轮 13—三通阀 14—副风缸 15—给气阀 16—三通阀排气口 Ⅰ—缓解位 Ⅱ—保压位 Ⅲ—制动位

车管压力降低，三通阀的主活塞右侧压力高于左侧，推动主活塞先左移一个间隙，关闭上端充气沟，再带动节制阀及滑阀移到左端，滑阀关闭了制动缸管与排气口的通路，打开了副风缸与制动缸的通路，使副风缸的压力空气进入制动缸，推动制动缸活塞，产生制动作用（见图 3-14）。

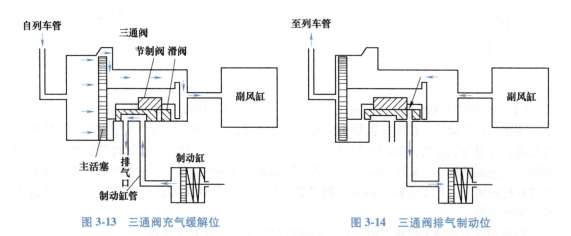

图 3-13 三通阀充气缓解位　　　　　图 3-14 三通阀排气制动位

制动后，当制动手柄置于保压位（即图 3-12 的Ⅱ位）时，制动阀的通路被全部遮断，列车管的压力空气既不能从制动阀排出，也不能由制动阀充入，此时列车管压力保持不变。起初，三通阀活塞仍然处于制动位，但副风缸继续向制动缸充气，使副风缸的空气压力降低，而制动缸的压力增加，直至副风缸的压力稍低于列车管的压力，形成压力差，活塞带动节制阀向右移动一个间隙的距离，而滑阀未动，节制阀遮断了副风缸与制动缸的通路，副风缸的压力不再下降，制动缸的压力也不再上升，形成保压位（图 3-15）。

2. 电制动

电制动是操纵控制和原动力都是用电的制动方式，它是通过控制电机的电流大小和方向，使电机产生一个与列车运行方向相反的力从而达到使列车减速的目的。电制动方式主要有电阻制动和再生制动，因为电制动能够供应较大的制动力以及其他一些优点，所以电制动已经是各种城市轨道交通车辆所采用的主要制动方式。

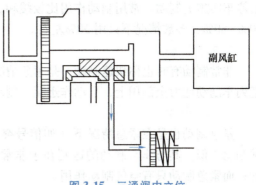

图 3-15　三通阀中立位

（1）电阻制动　如图 3-16 所示，为电阻制动主回路。其具体工作过程如下：由司机制动控制器或列车自动控制系统 ATC 发出制动指令后，制动控制单元首先对列车运行速度进行判断。当速度大于设定速度时，构成制动主回路，牵引/制动转换器转为制动位置，然后制动接触器动作，此时 B_{11} 闭合，P_{11}、P_{13} 打开。随后依次是励磁削弱接触器打开、预励磁接触器投入，最后，断路器投入，L_1 闭合。此时，电枢绕组、励磁绕组和主电阻器构成电阻制动主回路，并使电流向增加牵引时剩磁的方向流动，再由主电阻器将电枢转动发出的电能变为热能消耗掉。

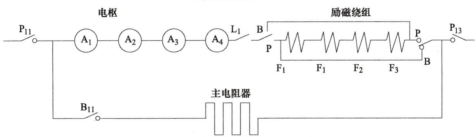

图 3-16　电阻制动主回路

（2）再生制动　再生制动的工作原理与电阻制动类似，也是利用车辆车轮的转动，带动牵引电机作为发电机运行，产生的电能不是消耗在制动电阻上，而是将电能反馈到供电系统，从而产生制动作用的一种制动方式。车辆使用再生制动时，不仅具有制动列车的作用，而且能将列车的动能与位能转变为有用的电能，从能量综合利用角度看，再生制动是比较理想的制动方式。

3. 电空复合制动

对于多数城市轨道交通车辆制动系统，其采用电气指令微机控制的电空复合制动。所谓电空复合制动，即空气制动与电气制动在制动控制器的控制下，按照一定的模式进行制动力施加大小的分配与投入顺序的控制，两种制动形式共同作用，复合形成列车制动力的制动形式。

电空复合制动工作流程

四、按用途分类

1. 常用制动

常用制动是使用频率最高的一种制动方式，是在正常条件下为调节、控制列车速度或进站停车实施的制动。常用制动作用比较缓和，且制动力可以调节，通常只用列车制动能力的 20%~80%，多数情况下只用 50% 左右。

2. 非常制动

非常制动有时也称快速制动，是紧急情况下为使列车尽快停住而施行的制动。其特点是把列车制动能力全部用上，且动作迅猛，制动力为最大常用制动力的 1.4~1.5 倍。

3. 紧急制动

紧急制动也是在紧急情况下（如信号突变、异物占道等）采取的制动方式，特点与非常制动类似。其与非常制动的区别在于非常制动一般为电、空联合制动，也可以是空气制动；而紧急制动只有空气制动作用。

4. 辅助制动

辅助制动又包括备用制动、救援/回送制动、停放制动和停车制动等。

项目四　制动系统设备结构与原理认知

学 习 导 入

空气制动系统是大多数城市轨道交通车辆选择配备的制动系统，日常低速制动、停放制动和紧急制动都有空气制动系统的参与。空气制动系统顾名思义是以压缩空气为动力源的制动系统，所以在此系统中，以压缩空气为主线，包含产生压缩空气的风源装置、控制压缩空气的控制装置和将压缩空气转化为制动力的基础制动装置。本项目将面向空气制动系统，选取风源、控制、基础制动三个子系统作为视角开展相关知识的介绍。

任务一　风源系统设备认知

任务目标

1. 了解风源系统的组成与作用。
2. 掌握活塞式、螺杆式空气压缩机的结构与功能。

知识课堂

一、风源系统

1. 风源系统的组成

风源系统主要包括电动机、空气压缩机、空气干燥器、压力控制器、风缸及其他空气管路部件等。

通常，空气压缩机组采用模块化设计，吊挂于车辆底架下部。有的城市轨道交通车辆的空气压缩机组安装在拖车下部，有的城市轨道交通车辆的空气压缩机组安装在动车下部。城市轨道交通车辆一般具有两套风源系统，但是为了减少压缩机组的损耗，采用车辆前部单元的空气压缩机给整列车供风，另一套机组备用，而不同时使用两组压缩机。

以天津地铁 3 号线车辆为例，其一套风源系统包括 VV120 型空气压缩机一台、干燥器单元一个、储风缸一个，另有安全阀、管路及控制装置。其结构图如图 4-1 所示。

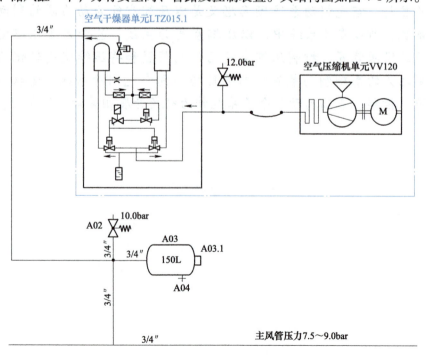

图 4-1　天津地铁 3 号线车辆风源系统

2. 风源系统的作用

风源系统是向整个列车提供压缩空气的气源。它不仅针对空气制动系统，而且也为其他用气部件提供足够的、干燥的压缩空气，风源系统分为压缩空气的产生、净化处理、贮存、压力控制四个环节。下面按风源系统的四个环节介绍风源系统的作用。

（1）压缩空气的生产　城市轨道交通车辆上一般采用两台空气压缩机产生压缩空气。在车辆运行中，如果一台空气压缩机出现故障，可利用另一台空气压缩机组继续维持运行。

（2）压缩空气的净化处理　压缩空气的净化处理由干燥器完成。空气压缩机生产的湿空气经空气压缩机出风管进入干燥器，将压缩空气中的油雾、水和机械杂质过滤掉。洁净的湿空气进入干燥筒内，通过干燥剂的吸附，使干燥器排出的压缩空气既清洁又干燥。洁净的压缩空气经过连接管道送入总风缸。

（3）压缩空气的贮存　经干燥净化处理后的压缩空气，进入总风缸内贮存，以供全列车所需。总风缸一般吊挂于车体底架下部。

（4）压缩空气的压力控制　压缩空气的压力通过 EP2002 网关阀发出的电信号，实现对主压缩机接触器的控制。该压力控制性能稳定，通常，城市轨道交通车辆整定值为 7.5～9.0bar（1bar=100kPa）。

二、空气压缩机结构与原理

空气压缩机是组成城市轨道交通车辆供气设备的重要组成部分，它与电动机、压缩机、干燥器、压力控制开关等共同组成车辆制动风源系统。

城市轨道交通车辆为确保空气压缩机低运转要求，一般会配有两台空气压缩机，使用主要/辅助空气压缩机管理的概念，空气压缩机的主要/辅助作用以每天为单位交替作用来平衡空气压缩机的工作时间。其中一台作为主空气压缩机运行，另一台作为辅助空气压缩机运行，根据来自车辆控制管理系统的日期和车辆编号信息，自动选择主、辅空气压缩机。

当总风压力降低到设定下限值（多数地铁设定为 7.5bar）时，主空气压缩机起动供风，直至总风压力达到设定上限值（多数地铁设定为 9.0bar）停机。当总风压力低于 6.8bar 时，两台空气压缩机将同时起动供风，以补充主风缸压力的损失，直至总风压力达到设定上限值停机。

目前，在城市轨道交通车辆使用的空气压缩机主要有螺杆式空气压缩机和活塞式空气压缩机两种类型。

1. 螺杆式空气压缩机

（1）螺杆式空气压缩机组成　螺杆式空气压缩机包括：压缩系统、润滑油系统和冷却系统。螺杆式空气压缩机安装在车辆底部，如图 4-2 所示。

（2）螺杆式空气压缩机工作原理　螺杆式空气压缩机的工作原理，如图 4-3 所示。

外界空气进入空气过滤器，然后分别经过进气阀、机头、油气桶、油气分离器。去油后的空气经过最小压力阀进入冷却器内（深蓝色部分）。

低温情况下，通过油气分离器分离的油液将经过油过滤器直接进入机头，最终回到油气桶内。高温情况下，通过油气分离器分离的油液先经过温控阀和冷却器，然后经过油过滤器进入机头，最终回到油气桶内（灰色部分）。

三相异步笼型感应电机通过一个弹性联轴器驱动压缩机。直接安装在电动机轴上的冷却风扇给冷却器提供足够的空气，快速降低经过冷却器的压缩空气温度（浅蓝色部分）。

图 4-2　螺杆式空气压缩机安装位置

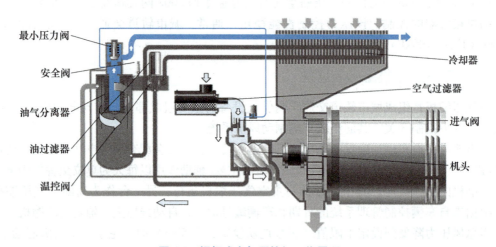

图 4-3　螺杆式空气压缩机工作原理

螺杆式空气压缩机结构与原理

经过冷却后的压缩空气，进入干燥器前的温度不超过环境温度 15℃（环境温度为 -25~45℃）。经过冷却、过滤之后，潮湿的压缩空气进入双塔式干燥器内干燥，向车辆提供干燥清洁的压缩空气。

齿轮箱与压缩机头外壳紧密相连，齿轮箱的润滑是通过在其内部沟槽中注入油实现的，无须分离齿轮箱的润滑系统及外部管道。弹性联轴器能降低压缩机起动时的转矩峰值。

安全阀设定压力为大于空压机工作压力设定上限值。当油气桶内的压力过高时，能及时排放压缩空气，以便保护油气桶。

（3）螺杆组工作原理　螺杆组是螺杆式空气压缩机中的核心部件，直接起到压缩空气的作用，所以，掌握它的工作原理十分重要。

螺杆式空气压缩机的螺杆组如图 4-4 所示，由两个互相啮合的螺旋形转子（或螺杆）组成，通常把节圆外具有凸齿的转子称为阳转子（或阳螺杆）；把节圆内具有凹齿的转子称为阴转子（或阴螺杆）。阴转子、阳转子具有非对称的啮合型面，平行安装在一个铸铁壳体内做回转运动。当两个转子转动时，进气口和排气口由转子末端自动打开和关闭，进行空气的压缩。

图 4-4　螺杆组

螺杆式空气压缩机是一种双轴回转容积式压缩机，电动机通过联轴器直接驱动压缩机转子，转子为两个互相啮合的螺杆，具有非对称的啮合型面，并在一个铸铁壳体内旋转，其压缩原理为四个过程，如图 4-5 所示。

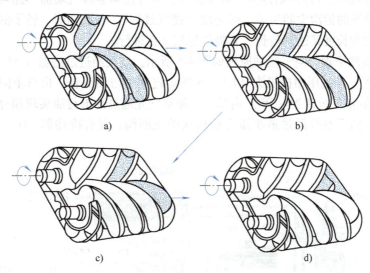

图 4-5　一个齿槽容积的工作过程
a）吸气终了　b）压缩　c）压缩终了　d）排出气体

1）吸气过程。螺杆组的进气侧吸气口，必须设计成压缩机可以充分吸气。当转子转动时，主副转子的齿沟在转至进气端开口时，其空间最大，此时转子的齿沟空间与进气口之间空气相通。因在排气时齿沟的空气被全部排出，排气完了时，齿沟处于真空状态；当转至进气口时，外界空气即被吸入，沿轴向流入主副转子的齿沟内。当空气充满了整个齿沟时，转子齿沟的进气侧端面转离了机壳的进气口，在齿沟间的空气即被封闭，以上为"进气过程"。

2）封闭及输送过程。主副两转子在吸气终了时，其主副转子齿峰会与机壳封闭，此时空气在齿沟内闭封不再外流，即"封闭过程"。两转子继续转动，其齿峰与齿沟在吸气端吻合，而后逐渐向排气端移动，此即"输送过程"。

3）压缩及喷油过程。在输送过程中，啮合面逐渐向排气端移动，亦即啮合面与排气口间的齿沟空间逐渐减小，齿沟内的气体逐渐压缩，压力提高，此即"压缩过程"。而压缩同时润滑油亦因压力差的作用而喷入压缩室内与空气混合。

在压缩过程中,压缩机凭借其自身所产生的压力差不断向压缩室及轴承喷入润滑油。

> **小提示**
>
> 润滑油主要有三个作用。
> ① 润滑作用:润滑油可以在转子之间形成油膜,避免了转子间的接触,减少摩擦。
> ② 密封作用:润滑油产生的油膜能对压缩空气起到密封作用,提高了压缩机的容积效率。
> ③ 冷却作用:由于润滑油吸收了大量的热,使压缩过程接近于等温压缩,降低了压缩机的比功率。
> 此外,润滑油还能降低高频压缩产生的噪声。

4)排气过程。当转子的压缩气腔(齿沟)转到与机壳排气口相通时(此时压缩气体的压力最高),被压缩的气体开始排出,直至齿沟的啮合面移至排气端面,此时两转子的啮合面与机壳排气口间的齿沟空间为零,即完成"排气过程",与此同时,转子的啮合面与机壳进气口之间的齿沟长度又达到最长,其吸气过程又在进行。

(4)空气流动原理 空气流动原理如图4-6所示。空气经过过滤器(AF)吸入压缩机,通过进气阀(IV)经过压缩机机头(E),在压缩过程中与油混合。出口单向阀置于机头出口处。在油气筒/油气分离器(OS)内部,压缩空气先通过冲击与油实现预分离然后进入油气分离器滤芯。然后空气经过最小压力阀构成的止回阀、复合冷却器(OC/AC)及后处理设备。

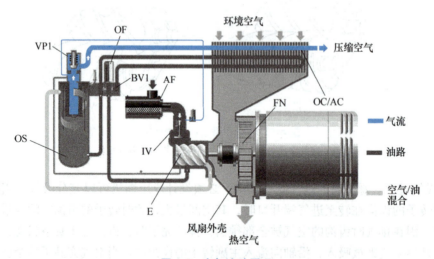

图4-6 空气流动原理

最小压力阀(VP1)防止油气分离器内压力低于最小压力,该压力使压缩机机头(E)得到润滑。同时防止压缩机停机时压缩空气倒流。

(5)润滑油系统结构及原理 润滑油系统如图4-7所示。在油气分离器(OS)中,绝大多数的油被离心力分离掉。剩余部分由油气分离器中的滤芯分离。油气分离器底下部分作为储油桶。空气压力迫使油经油气桶进入油冷却器(OC)油过滤器(OF)直至压缩机机头(E)。

油路系统配有油旁通阀(BV1),当油温低于75℃时,油旁通阀(BV1)切断了从油冷

图 4-7 润滑油系统

VP1—最小压力阀　Y1—放空阀　OC—油冷却器　AF—空气过滤器
OF—油过滤器　E—压缩机机头　BV1—油旁通阀　CV—单向阀
OSV—油截止阀　OS—油气分离器

却器（OC）供来的油。气压迫使油从油气分离器（OS）经油过滤器（OF）和油截止阀（OSV）到达压缩机机头（E），油冷却器（OC）被旁通。当油温超过 75℃ 时，油旁通阀（BV1）开启，油进入油冷却器（OC）。油截止阀（OSV）为防止当压缩机停机时油灌入，当压缩机起动时，该阀由机头出口压力开启。

（6）冷却系统结构及原理　冷却系统如图 4-8 所示。冷却系统包括由空气冷却器、油冷却器构成的复合冷却器。冷却空气由风扇产生。冷却空气经冷却器吸入，从电动机侧排出。

水分离器（WSDR）将冷却后的空气中的水分子分离出去。冷凝水排污装置用于排空水分离器中的水，水分离器上的电磁阀（Y2）用于在运行中自动排污。

过滤器（DDR）安装在水分离器（WSDR）下游。过滤器（DDR）是具有通用保护性的用于去除液体的

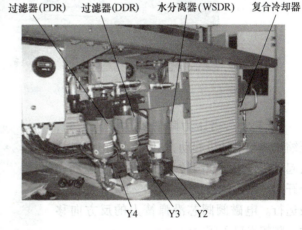

图 4-8 冷却系统

过滤器。滞留在过滤器滤芯上的水和油的微小颗粒可通过连接排污口的电磁阀（Y3）在运行中自动排出。

过滤器（PDR）的功能与过滤器（DDR）一样，但更为高效。它可将压缩空气中的杂质、液体、气雾高效排出。过滤器滤芯捕获固体颗粒，油/水的气雾液化，因此形成的液滴集中起来，通过连接排污口的电磁阀（Y4）在运行中自动排出。

（7）机头出口油温开关作用　油温开关（见图 4-9）连接到电气装置，当油温达到 120℃ 时，空气压缩机自动停止。油温开关有指示刻度并带有四个指针：白色指针指明机头内的实时油温；绿色指针指明报警油温；红色指针指明停机油温设定；银色指针为调整指针。

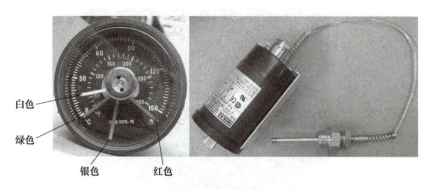

图 4-9 油温开关

（8）防控系统组成及工作原理　防控系统组成如图 4-10 所示。进气阀（Y1）的正面如图 4-11 所示。

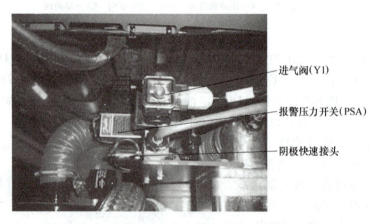

图 4-10 防控系统

1）起动。当压力降低到加载压力时，压缩机驱动电动机起动，电磁阀得电。电动机起动后，进气阀因转子产生的压力差而完全开启。输出气量恢复（100%），压缩机满载运行。电磁阀阀芯沿弹簧力的反方向移动，防控出口关闭。

2）停机。如果消耗的气量低于压缩机输出的气量，管网压力增加。当管网压力达到卸载压力时，电动机停机，电磁阀失电。进气阀由弹簧力推动关闭空气进口。空气停止输出（0%）。电磁阀阀芯因弹簧压力复位，防控出口打开。来自油气分离器的压力经电磁阀释放，进入进气阀阀体。

图 4-11 进气阀（Y1）的正面

3）重起。每次停机，油气分离器内的空气流向进气阀。这是通过使防控电磁阀动作（通过机车控制系统或压缩机控制系统）实现的。由于压力释放，油在这个过程中开始起泡沫。当过多的泡沫生成时,在下次开机时这些油会进入空气系统,在前置过滤器和干燥器中迅速形成污物。安装的喷嘴(作为防控电磁阀的一部分)可限制这些泡沫。该喷嘴降低了排气的速度,因此减少了泡沫数量,但也由此延长了油气分离器内部压力释放的时间。

2. 活塞式空气压缩机

(1)活塞式空气压缩机的组成　活塞式空气压缩机由运动机构、空气压缩系统、冷却系统及润滑系统等部分组成。

电动机通过联轴器直接传动,使空气压缩机按顺时针方向转动(从电动机端看)。曲轴为双支点结构,通过轴承座和轴承盖上的一对球轴承安装在机体的两端主轴孔上,中间双拐上各装有活塞连杆机构。曲轴推动连杆,连杆通过活塞销推动活塞,曲轴的旋转运动产生活塞的往复运动。

气缸盖、气缸头与气缸体通过长螺栓压紧在机体上,气缸盖的进排气腔分别与气阀的进排气阀相通。中冷器横跨在低压缸与高压缸间,经连接管一端与一级排气阀室相连接,另一端与二级进气阀室相连接。

各运动部件通过装在曲轴前端的油泵产生的压力油获得强迫润滑。曲轴轴伸端上的飞轮上装有离心风扇,冷却风经导风罩及蜗壳使气缸、缸头、中冷器及机体得到冷却。机体下部润滑油位置由油标显示。

(2)VV120 型空气压缩机　VV120 型空气压缩机是目前城市轨道交通车辆上广泛使用的一种活塞式空气压缩机。其具有结构简单、运行稳定、维护便捷等优点,具有一定的代表性。下面,就以 VV120 型空气压缩机为例介绍活塞式空气压缩机的结构与工作原理。

1)VV120 型空气压缩机结构。VV120 型空气压缩机是采用 380V、3 相、50Hz 交流电动机带动的两段式活塞空气压缩机。该空气压缩机可提供大约 920L/min 的供气量。电动机的转速为 1450r/min。

VV120 型空气压缩机的优点:更大的进气口、电动机与空气压缩机的柔性连接和电线减振器等。所有的这些均可使噪声水平保持到尽可能小。距离 VV120 型空气压缩机 4.6m 处的噪声水平为 64dB。

VV120 型空气压缩机有两个低压气缸和一个高压气缸。空气压缩机和干燥器共同安装在一个支架上。支架可以直接用螺栓安装在车底,如图 4-12 所示。空气压缩机和支架之间有弹性连接装置。

空气压缩机通过入口空气过滤器吸入空气。随后空气在压缩机的第一阶段被压缩,然后经过一个中间冷却器在第二阶段被压缩。随后,压缩空气通过附加的后冷却器,经过压力软管进入到一个双塔空气干燥装置。

空气压缩机受拖车上的网关阀(B06)

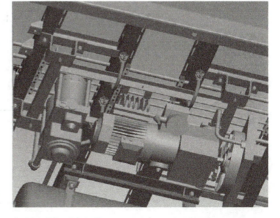

图 4-12　VV120 型空气压缩机安装图

控制,压力为 7.5bar 时,空气压缩机起动,压力到 9.0bar 时,空气压缩机停止。

VV120 活塞式压缩机的结构如图 4-13 所示。VV120 型空气压缩机整体造型紧凑,可实现无框悬挂,使其更适合于低置安装。利用弹性元件 11 和超柔性调准装置的新型支座,使传送到车厢的振动降到最低。除此之外，此弹性零件材质为金属，持久耐用且无须保养。首次为风扇配备了一个粘液耦合器，使冷却装置会根据环境温度和压缩机出口温度自行进行无级调节，保证了空气压缩机适宜的工作温度。粘液耦合器同时也起润滑离合器的作用，使在风扇结冰或被异物卡住的情况下不会造成设备损坏。此空气压缩机可用交流电动机、直流电动机或者液压电动机来驱动。

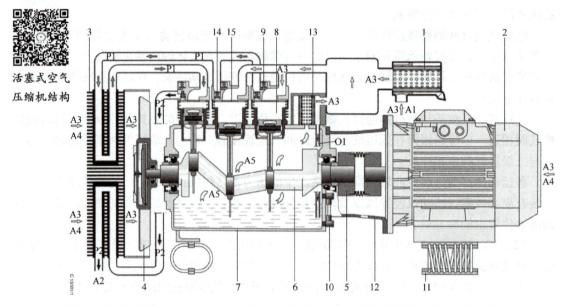

图 4-13　VV120 型空气压缩机结构

1—空气滤清器　2—三相交流电动机　3—冷却器　4—带粘液耦合器的风扇叶轮　5—波纹管联轴器　6—曲轴
7—曲轴箱　8—气缸　9—防护阀　10—油位显示管　11—弹性元件（钢丝弹簧）　12—中间法兰
13—压缩空气除油过滤元件　14、15—阀门　A1—进气口　A2—排气口　A3—抽吸气体　A4—冷却气体
A5—含油气体　P1—中间压力　P2—高压　O1—注油

2）VV120 型空气压缩机工作原理。如图 4-14 所示，VV120 型空气压缩机分两级工作。

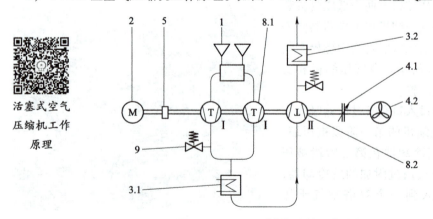

图 4-14　VV120 型空气压缩机气流图

1—干式空气滤清器　2—电动机　3.1—中间冷却器　3.2—二次冷却器　4.1—粘液耦合器
4.2—风扇叶轮　5—联轴器　8.1—第Ⅰ级（低压气缸）　8.2—第Ⅱ级（高压气缸）　9—安全阀

每个压缩机气缸缸头上安装有吸入阀和压力阀。空气首先经干式空气滤清器 1 清洁后，

被吸入至低压气缸 8.1，经过预压缩之后，流过中间冷却器 3.1 进行冷却。随后，经过预压缩的气体进入高压气缸 8.2，进行再次压缩，直至被压缩到最终压力。经过再次压缩的压力空气将流经二次冷却器 3.2，进行二次冷却。

三、空气干燥装置结构与原理认知

在压缩空气设备中，压缩空气中的湿气腐蚀和冻结危险常常导致气动装置出现故障和过早磨损。如图 4-15 所示，绝对含水量即饱和极限随着空气温度的变化而变化，随着空气温度的升高，空气能吸收更多的水分。由此可知：在压缩机的压缩过程中由于温度的升高不会凝结出水，只有当已输出的压缩空气在二次冷却器中重新冷却时才会凝结出水，因此，在压缩空气系统中的空气再冷却后总是处于饱和状态。尽管空气在空气压缩机中得到很好的冷却且析出了冷凝水，但仍有不少水以水蒸气形式残留在压缩空气系统中，而只有当压缩空气装置中的空气干燥到相对湿度在 35% 以下时，压缩空气装置才能可靠而经济的工作，而不会产生大气腐蚀。

双塔式空气干燥装置在任何外界温度的情况下都能最大限度满足干燥要求，其工作原理采用冷却再生吸附法。潮湿的压缩空气通过干燥剂，干燥剂能够吸走流经的空气中的水蒸气。

1. 空气干燥装置结构

双塔式空气干燥装置分为两种类型，有不带加热装置的空气干燥器和带加热装置的空气干燥器。

双塔式空气干燥装置的主要组件和气路线路图如图 4-16 和图 4-17 所示：两个干燥剂罐

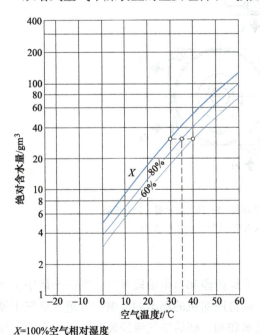

$X=100\%$ 空气相对湿度

图 4-15 绝对含水量与空气温度关系曲线

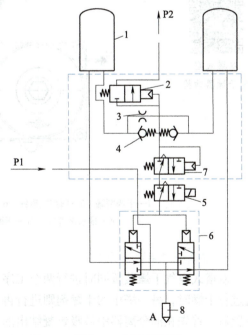

图 4-16 气路线路图
1—干燥剂罐　2—溢流阀　3—再生塔喷嘴　4—止回阀
5—阀用电磁铁　6—双活塞阀　7—先导阀　8—消声器
P1—压缩空气入口　P2—压缩空气出口　A—排水管接口

各带有内置的油分离器；托架 10 及再生塔喷嘴 3 和下列阀门：两个用于塔体的止回阀 4、一个中心溢流阀 2 一起装在通向主风缸的排气道上，一个先导阀 7 用于控制气流；双活塞阀 6 带有内置消声器，用于设备排水；阀用电磁铁 5 用于周期控制的电路板；每个塔体配有一个压力显示器 9，用以显示塔体所处的工作状态。例如，如果左塔处有气压，说明它处于干燥阶段，则左边的压力显示器上出现一条红杠；如果无气压，说明它处于再生阶段，则这条红杠自动消失。

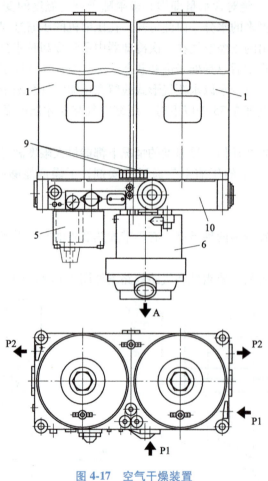

双塔式空气干燥器结构

图 4-17 空气干燥装置

1—干燥剂罐　5—阀用电磁铁　6—双活塞阀　9—压力显示器　10—托架
A—排水接管口　P1—压缩空气入口　P2—压缩空气出口

2. 空气干燥装置工作原理

双塔式空气干燥装置同时进行两个工序，即干燥阶段和再生阶段并行。当一个塔中主气流进行干燥时，另一塔中的干燥剂则进行再生。来自压缩机的潮湿的压缩空气进入空气干燥装置后，首先在油分离器中被吸走凝结出的冷凝水和油，随后空气流经装有强吸收力的干燥剂塔。空气通过吸附剂时，所含的大量水分被吸走，使主气流在流出干燥设备时的相对湿度保持在小于 35%。

一部分干燥空气被分流出来，流经再生喷嘴后被减压，再通过第二个塔中已饱和的干燥剂而排入大气中。经过减压而变得极为干燥的空气从需要再生的干燥剂中吸走了在这之前的干燥阶段中被吸附的水分。

如图 4-18 所示,处于工作位置中的空气干燥设备,塔（19a）处于干燥阶段,塔（19b）处于再生阶段。阀用电磁铁（43）通过从周期控制装置发出的电输入信号而被励磁,阀座（V3）打开。从通向压缩空气接口（P2）的压缩空气管道中分流出来的压缩空气流经开启的阀座（V2）和（V3）,流至双活塞阀（34）。

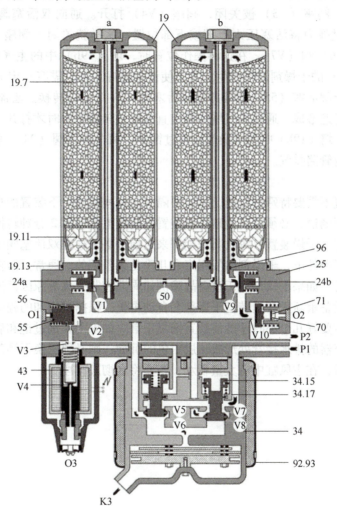

图 4-18 空气干燥设备工作原理

19—干燥塔　43—阀用电磁铁　K3—排水口　19.7—干燥剂　50—再生塔喷嘴　P1—进风口　19.11—油分离器　55—先导阀活塞　P2—排气口　24—止回阀　56—密封环　96—O 形环　25—托架　70—密封环　O—排气孔　34—双活塞阀　71—溢流阀　V—阀座　34.15—密封环　19.13—O 形环　92.93—绝缘套　34.17—密封环

转换压力使活塞克服弹力压入上部或下部位置,以此打开阀座（V5）和（V8）。由压缩机供给的压缩空气流经接口（P1）和开启的阀座（V5）流至塔（19a）,它从下向上流过该塔,通过中心管再向下,经过止回阀（24a）和溢流阀（71）被导向接口（P2）。空气在流入干燥剂（19.7）之前,先要流经油分离器（19.11）中的拉西环（Raschig）。这样,通过多次环流、涡旋和碰撞后,残留在压缩空气中的最小的油滴和水滴都落在拉西环的较大的表面上。然后结成较大的液滴在重力作用下落到下面的集流室。在通过干燥剂时,空气中所含的大量水分被吸走，使压缩空气从塔（19a）中流出时的相对湿度小于35%。

一部分已干燥的空气被分流出来，经过再生塔喷嘴（50）被减压，通过塔（19b）的干燥剂后被送入相反方向。这种减压后的空气也称为再生空气，它从需要再生的干燥剂中吸走了水分，并通过开启的阀座（V8）和消声器而排入大气。

当干燥剂即将达到饱和极限时，通过电子控制装置在再生阶段被换接，即阀用电磁铁（43）被励磁。阀座（V3）被关闭，阀座（V4）打开。通向双活塞阀（34）的控制气路排气，从而通过弹力将活塞压入上部或下部位置，这样就关闭了阀座（V5）和（V8），并打开了阀座（V6）和（V7）。在这种操作位置时，塔（19b）中的主气流（A1→A2）被干燥，而塔（19a）的干燥剂进行再生。为了使设备完好工作，需有一定的转换压力，在这种转换压力下先导阀活塞（55）打开并且双活塞阀（34）可以转换。溢流阀（71）确保这种压力在设备中迅速形成。通往主气塔的通道直到超过转换压力时才打开，这样可以避免在长时间充气过程中塔（19b）中的干燥剂出现过饱和。两个止回阀（24）可防止压缩机停止时主风缸和车辆内管路排气。

3. 空气干燥装置保养维护

空气干燥装置不需要特殊的保养，只需要隔一定时间检查一下装置的功能。检查消声器上的排水接管是否畅通，必须能清楚地听到装置的阀用电磁铁每2分钟转换一次。此外，对于带加热装置的空气干燥装置，每次霜冻期到来之前都必须检查双活塞阀的加热器功能。

在良好的运行条件下，干燥剂的使用寿命几乎是无限期的。通常只需在车辆总检查时更换一次干燥剂即可。如果干燥剂由于设备故障例如周期控制失灵等原因而出现过饱和，则不需要更换。只要设备重新正常运转，干燥剂会自动再生。根据过饱和的程度，在空气压缩机工作的情况下，需要好几个小时才能使装置恢复正常。如果干燥剂过饱和后装置重新恢复正常工作时，在消声器的排水接管处形成一层白色的沉淀，则必须更换干燥剂。如果在一次空气干燥装置故障后，在主风缸中有大量积水，则要将水彻底排净。

任务二　制动系统控制设备认知

任务目标

1. 了解各种控制阀的作用。
2. 掌握重点控制阀的结构与作用原理。

知识课堂

一、风源系统控制阀

1. 安全阀

安全阀安装在风缸之上，当风缸内风压过大达到安全上限值时，安全阀可以自动打开泄压，保证风缸的安全。

（1）安全阀结构　如图 4-19 所示，阀杆受压缩弹簧的作用力，并由此锁闭阀箱的阀座。压缩弹簧作用在阀杆上的压力出厂时已用调节螺栓设定好。通往安全阀内部的入口由一个铅封封闭。

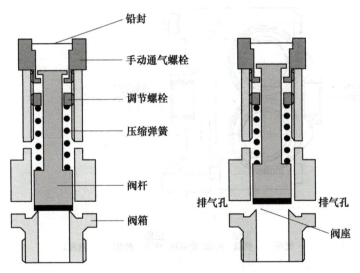

图 4-19　安全阀结构示意图

（2）安全阀工作原理　在正常工作压力下，阀座是关闭的。当超过所允许的压力（安全阀的设定值）时，阀杆将顶着压缩弹簧的力被提起，过压便通过排气孔泄放。压力降到相应值之后，阀座重新关闭。通过旋转调节螺栓设定安全阀的开启压力。为了避免该设定在未经许可的情况下被更改，该阀由一个铅封封闭。为了检查功能部件的灵活性，并清除阀门可能出现的污垢，安全阀还具有一个通气装置。拧出手动通气螺栓，阀杆即被顶着压缩弹簧向上提起，阀座打开。排气时便会将可能存在的杂质沉淀从阀门中吹出。

2. 溢流阀

溢流阀用处较为广泛，用于连通的两个管路之间的气压平衡，保持两个管路之间的气压差控制在设定范围之内。

（1）溢流阀结构 如图 4-20 和图 4-21 所示，溢流阀由一个阀箱和一个支承法兰组成。在阀箱中有两个弹簧负载的阀盘（见图 4-22），作为相反流向的止回阀来使用。支承法兰根据压缩弹簧的不同的作用力，限制压缩空气接口 P1 和 P2 之间的压差。在内置压缩弹簧的作用力下，当压差达到某固定数值时，溢流阀开启，较高的压力被平衡，直到达到一个所设的确定的压差值。

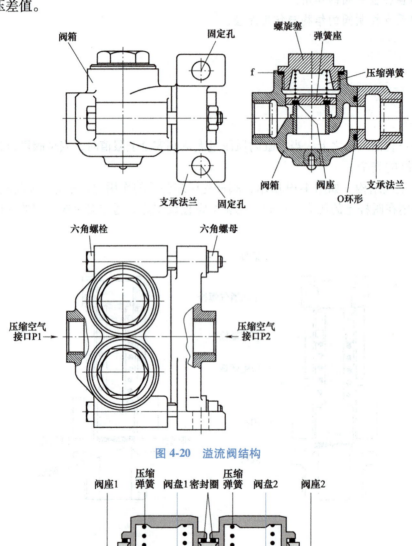

图 4-20 溢流阀结构

图 4-21 溢流阀示意图

（2）溢流阀工作原理　如图 4-21 所示，只要接口 P1 和 P2 之间的压差未超过所设定数值，则两个阀座就会在压缩弹簧的作用力下保持关闭状态。从 P1 至 P2 或反方向均无气流流通。

如果接口 P2 处的压力降至压缩弹簧的作用力值之下，即超出了设定压差，则接口 P1 处的超压就会将阀座 2 打开。这样两个接口之间就有气流流通。阀座 2 保持打开状态，直到接口 P2 和 P1 之间的压差又达到设定值为止。

当接口 P1 处发生压降现象时，溢流阀的作用方式与此完全相同，只是方向相反而已。

3. 截断塞门

截断塞门用于手动操纵轨道车辆压缩空气系统的充风、截断和排风。

（1）截断塞门结构　截断塞门为法兰结构，它有 A1、A2 和 A3 三个压缩空气接口。额定直径为 7mm。用 O 形环进行法兰面上压缩空气接口的密封。

如图 4-22 所示，截断塞门主要由以下部件组成：阀箱、阀门推杆、凸轮轴、阀盘、弹性环、压缩弹簧、操作元件。底阀内置于一个可以用法兰连接的方形阀箱中。安装在主阀箱上的操作元件可以是一个可铅封的锁紧手柄，也可以是一个弹子锁。通过与凸轮轴连接的操作元件来操作截断塞门。截断塞门可以作为二位二通或二位三通换向阀使用。作为二位二通换向阀使用时，根据功能将一个排风排口 A1 或 A2 置为盲孔。

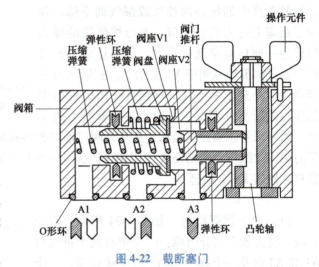

图 4-22　截断塞门

（2）截断塞门工作原理　操作元件 B（锁紧手柄或弹子锁）旋转 90°，相连接的凸轮轴也随之旋转，由此阀门推杆也随之运动。阀门推杆交替地打开或关闭两个阀座 V1 或 V2 中的一个，通过该阀座将压缩空气接口 A1 或 A2 与接口 A3 连通。当 A1~A3 连通时，阀座 V1 上的接口 A2 被封住。当 A2~A3 连通时，阀座 V2 上的接口 A1 被封住。

4. 减压阀

减压阀用于将压缩空气设备中现有管路压力（初级压力）降低到所需的恒定工作压力（次级压力），而不受压缩空气供给波动的影响。

（1）减压阀结构　如图 4-23 所示，减压阀为法兰结构。两个压缩空气接口：初级压力供给管路（A2）和次级压力供给管路（A3）均采用 O 形环密封。压力阀的结构使得当初级压力侧 A2 排气时，次级压力侧 A3 也随着排气。

以某型减压阀为例，其用于设定压力为 0.2~8.0bar 之间的情况。这时，初级压力必须比相应的次级压力高大约 2.5bar。减压阀所需的工作压力（次级压力）已由厂家在试验台上用调节螺栓设置好，并标在铭牌上的零部件编号中。减压阀经过检验并被铅封。

（2）减压阀工作原理　给次级压力管路充气和过压保护的工作原理为：需要减压的压缩空气从初级压力管路（A2）流经开启的阀座 V1 至次级压力管路（A3）。同时压缩空气通过孔 B1 作用在活塞上。压缩空气流经孔 B3 进入阀门推杆上方的空腔，从而使阀门推杆处达到压力平衡。一旦次级压力管路（A3）中的压力以及由此产生的、作用于活塞的力超过压缩弹簧上的力，活塞即开始运动。阀门推杆随活塞运动，并在达到减压阀的设定压力时关闭阀座 V1。当超过设定的次级压力时，活塞顶着压缩弹簧的力从阀门推杆的挺柱上脱开。阀座 V2 打开。压缩空气可以通过敞开的孔 B2 从次级压力管路中流出，通过排气孔 O 排到大气中。一旦次级压力管路中的压力降至设定值，活塞便重新回到阀门推杆的挺柱上。阀座 V2 以及孔 B2 便会被关闭，次级侧的流出过程结束。如果次级侧管路中的压力因抽气或漏气而下降，作用于活塞上的力就会下降，而压缩弹簧的弹力将比另一侧压缩空气的力大。活塞运动，通过阀门推杆的挺柱从阀座 V1 上抬起。初级压力管路会持续补充压缩空气，直到次级压力管路中的压力重新上升到设定值为止。随着压力的上

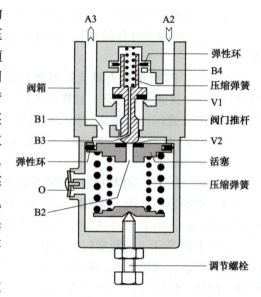

图 4-23 减压阀结构

A2—初级压力供给管路　A3—次级压力工作压力管路
B1、B2、B3、B4—钻孔　V1、V2—阀座　O—排气口

升，活塞顶着压缩弹簧运动，跟从的阀门推杆即将阀座 V1 关闭。当初级压力降到低于设定压力时，次级压力管路便通过孔 B4 排气，从而弹簧弹力将比另一侧压缩空气的力大，阀门推杆从阀座 V1 上抬起。

5. 双止回阀

（1）双止回阀结构　如图 4-24 所示，双止回阀主要由如下部分组成：一个带有两个进气口 A1 和 A3 以及一个排气口 A2 的块状阀箱，一个活塞，用于交替接通阀门通道。图 4-25 所示的双止回阀具有法兰式结构。双止回阀与阀门支架之间用 O 形环密封。

（2）双止回阀工作原理　双止回阀没有确定的初始位置。活塞可以自由移动，它的位置取决于加在压缩空气接口 A1 和 A3 上的压力。

该双止回阀根据进气压力 P1 和 P2 的情况，自动在压缩空气接口 A1 和 A3 与压缩空气接口 A2 之间进行换接。

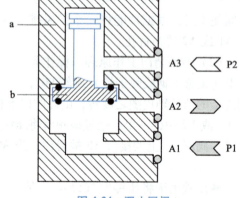

图 4-24 双止回阀

a—阀箱　b—活塞　A1~A3—压缩空气接口
P1、P2—进气压力

在 0.25bar 压差下换接的方式为有较低压力的压缩空气接口被活塞正面的密封件封闭。

二、制动管路控制阀

1. EP 阀（电空变换阀）

（1）EP 阀概述　EP 阀属于控制阀的一种，其作用是把制动控制器所发来的对应制动力的电流指令变换为空气压力，由于受电磁阀的控制，其空气压力能连续且无级地变化。此压力作为控制信号控制中继阀的供风、排气的空气压力（此压力对应制动缸空气压力）。

EP 阀由电磁阀、柱塞、排气活塞、供排气阀、膜板、供风口（a 口）、出风口（b 口）、排风口（c 口）构成，如图 4-25 所示。电流通过电磁阀的电磁铁线圈时，产生向上推力打开供排气阀，进而从 a 口向 b 口供给压力空气。同时，压力空气进入到膜板上方的空间（膜板室），当压力空气在膜板上形成的向下压力与电磁阀的向上推力处于平衡状态时会关闭供气阀。为此，只要改变流通到电磁阀电磁铁线圈的电流大小，就能控制电磁阀向上推力的大小，即可以任意设定空气压力。

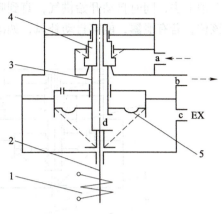

图 4-25 EP 阀原理图

1—电磁阀 2—柱塞 3—排气活塞 4—供排气阀
5—膜板 a—供风口 b—出风口 c—排风口

为防止在缓解时 b 口压强随 EP 阀温度的变化而变化，需要加偏流进行缓解补偿。另外，为补偿 b 口压强上升和下降时所产生的压强差，即使是对于相同的制动级别，也要供给不同的 EP 阀电流以保证输出正确的 b 口压强。

(2) 工作原理

1) 制动位。图 4-26 所示，当接收到电气指令，电磁阀 1 被励磁，柱塞 2 动作使排气活塞 3 上升，排气活塞 3 在上升过程中，使供排气阀 4 接触排气阀座，进而关闭通过排气活塞排出压缩空气至大气的排风通路。以压力顶上供排气阀 4，为此供排气阀由供排气阀座脱离，从供气管路 a 输送来的空气流到中继阀管路 b，称为中继阀的预控压力。同时，压力空气流入到膜板 5 上面腔室，将达到电气指令所需要的压力。膜板 5 及排气活塞 3 被它下压，供排气阀 4 也同时下降，接触到排气阀座，而关闭排气孔的状态落到供气阀座，而关闭供气通路，使它达到平衡位置。

EP 阀工作原理

成平衡状态后，若增加指令电流，电磁阀 1 的输出力、柱塞 2 阻抗膜板承受的压力，就顶上排气活塞 3，便会产生上述的作用，供给的空气流到 b 口通向中继阀。当中继阀管的压力到达指令电流对应的压力，就关闭供气管路 a，再回到平衡位置，形成阶段制动。

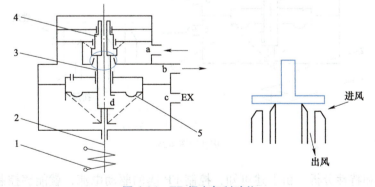

图 4-26 EP 阀充气制动位
图注同图 4-25

2) 保压位。在平衡状态，膜板上方腔室有与输出相同的空气压力。在形成保压状态前，电磁阀 1 上向上的压力大于膜板 5 上方的空气压力，故供排气阀 4 经过排气活塞 3 被柱塞 2 顶上去，同时自动开始供气，直到膜板上方腔室的压力到达规定值为止，形成保压位。在该位，若有泄露，能够自动补风，如图 4-27 所示。

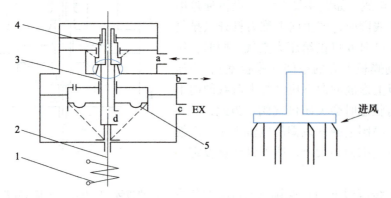

图 4-27　EP 阀保压位

图注同图 4-25

3) 缓解位。另一方面，达到平衡状态后，若指令电流下降，电磁阀 1 的输出力小于膜板 5 承受的压力，故下压排气活塞 3，与供排气阀 4 脱离，中继阀管 b 的空气经过排气活塞内的通路 d 以及 c，经过排气管路排到大气，形成阶段缓解。

中继阀管的压力，即膜板上方腔室的压力降低到等于指令电流的压力，排气活塞就开始上升，排气活塞 3 顶部接触到供排气阀 4 底部，使排气管路关闭，重新成为平衡状态，回到平衡位置。若指令电流归零，电磁阀的输出也为零，排气活塞 3 受到膜板 5 上方压力，下移使排气活塞 3 顶部脱离供排气阀 4 底部，中继阀管路 b 的压力空气通过 d、c 通路排入大气，通到连接的排气管路就变为大气压，形成一次（彻底）缓解。如图 4-28 所示。

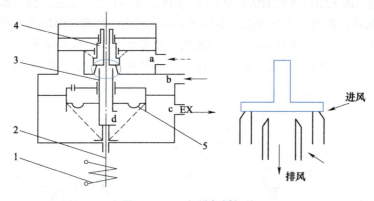

图 4-28　EP 阀排气缓解位

图注同图 4-25

(3) 控制和特性分析　由上述可知，控制 EP 阀的驱动电流，就能够控制电空制动力。EP 阀的特点是必须有驱动电流控制装置，只要提供驱动电流，就能够产生与电流大小成比例的空气压力。这样，很容易形成不通过微机就能够实现的备用制动。

1) 特性滞后及其补偿。EP 阀的响应、控制精度与 EP 阀的结构及性能关系很大，必须完善控制方法才能得到较好的控制精度和响应特性。

EP 阀存在特性滞后。由于 EP 阀的结构中存在多方面的非线性因素，如移动间隙，干摩擦，膜板和弹簧弹性的非线性，电磁铁励磁电流与电磁力的非线性等，引起控制电流增大行程和减小的返回行程。滞后特性引起制动力与制动指令的不唯一性，因此必须予以消除。可以用输出电流值补偿方法，消除 EP 阀自身带来的滞后，通过这种补偿控制，同时也能消除后续空气压力控制阀尤其是中继阀结构特性的滞后。

2) 缓解保证控制。制动缓解时，为了使 EP 阀准确地处于缓解位，系统对 EP 阀电磁阀励磁电流进行电流偏差控制。

2. 中继阀

在制动控制单元内，计算机完成了电气控制量到空气控制量的转换后，即 EP 阀所完成的工作后，需要一个空气通路断面较大、能够通过较大风量的输出组件，这个功能通常由一个专用的空气压力控制阀——中继阀来完成。中继阀设在制动控制装置内，将 EP 阀送来的压力 AC1 和经紧急电磁阀送来的紧急制动压力 AC2 作为控制压力，进而控制中继阀，然后中继阀向制动缸提供与此控制压力相应的制动缸空气压力。

（1）中继阀概述　根据自动控制方式的不同，中继阀有多种形式。常用的一种是与 EP 阀配合的、具有 1∶1 变换关系的比例阀，只完成流量比例放大，不具备压力放大功能。

中继阀结构如图 4-29 和图 4-30 所示，阀体的上部盖上装备有供气阀部，该部以供气阀和供气阀弹簧来构成。供气阀由供气阀弹簧压在阀体的供气阀座上。并且接触阀体底部盖以及活塞的 3 个 O 形环支承供、排气阀杆。

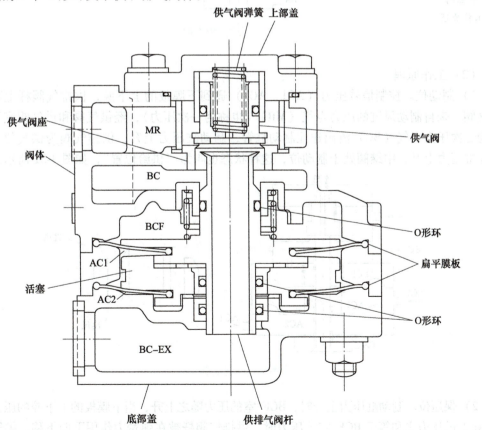

图 4-29　中继阀结构

在上膜板的上面作用有制动缸管来的工作压力和从供气阀（经节流口）来的二次压力，上膜板的下面和下膜板的上面（即 BCF 室）作用有来自电 EP 阀的控制信号压力（AC1），下膜板的下面作用有来自调压阀及紧急制动电磁阀控制信号压力（AC2）。

供、排气杆的上面作用有从供气阀所供给的二次压力（即 BC 压力），供排气杆下面作用有两个扁平膜板受到的压力（AC1、AC2）。两张扁平膜板的有效面积为相同，具有高位优先功能，即 AC1、AC2 中较大数值压力作用在供、排气杆上。由于这样两种压力（即高位优先压力和二次压力）的差，供、排气杆发出滑动动作，而控制供气阀的开闭以及二次压力的供给或排气。

中继阀
工作原理

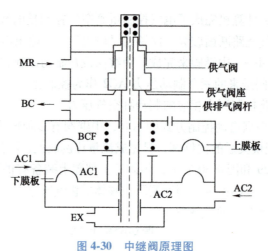

图 4-30 中继阀原理图

（2）工作原理

1）制动位。控制信号压力（AC1、AC2）通到下膜板的上下腔，供排气阀杆上移打开供气阀。来自制动风缸的压力空气（MR）（也称为一次压力），经供气阀和供气阀座开口部变为二次压力空气（BC）流出送往制动缸管，制动缸压力上升，供排气阀为供气位，此时制动缸压力上升，中继阀处于制动位，这种状态也叫为"供给位置"，如图 4-31 所示。

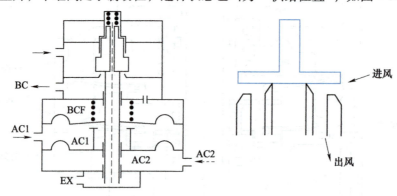

图 4-31 中继阀制动位

2）保压位。制动缸压力上升时，BCF 室的压力随之上升，当下膜板的上下腔的压力 AC1 及 AC2 的压力之和等于 BCF 室的压力时，供排气阀杆被在弹簧力作用下向下移，供气阀被压到供气阀座，而停止一次压力空气的流出，即停止向制动缸管充气；同时，供排阀杆与供气阀底面接触，封闭二次压力空气，不会排出，供排气阀处于同时封闭的重叠状态，为平衡位，制动缸压力维持不变，中继阀处于保压位，这种状态也叫为"重叠位置"，如图 4-32 所示。

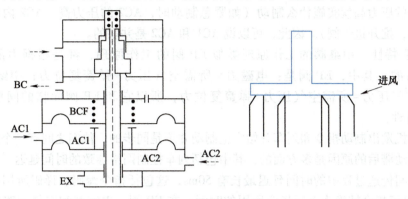

图 4-32　中继阀保压位

3) 缓解位。当控制信号压力（AC1、AC2）降低，供排气阀杆由于 BCF 室的压力而向下移动，二次压力空气经过供排气阀杆内的通路排出到大气中，供排气阀为排气位，此时制动缸压力下降，处于缓解过程，中继阀处于缓解位，如图 4-33 所示。

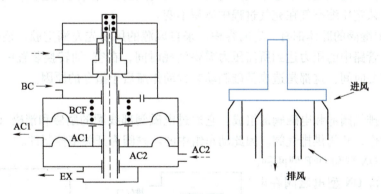

图 4-33　中继阀缓解位

如果此时控制信号压力（AC1、AC2）停止下降，上下膜上移与供气阀地面接触，供排气阀又处于供、排气阀同时封闭的重叠状态（平衡位），制动缸压力维持不变，中继阀又处于保压位，实现制动阶段缓解。

4) 紧急制动位，如图 4-34 所示。

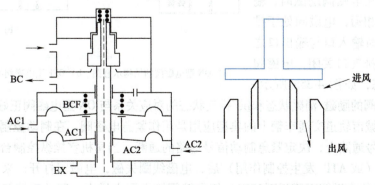

图 4-34　中继阀紧急制动位

(3) 控制特性分析

1) 高位优先。高位优先是指在常用制动和紧急制动同时作用时，AC1 和 AC2 同时进风，哪一个的压力高就实施什么制动（如紧急制动时，AC2 的压力高，AC2 内就推动 AC1 的膜板上移，推开进气阀）。因此，可以说 AC1 和 AC2 是并联的。

2) 滞后特性。中继阀的工作原理类似 EP 阀的工作原理，都是根据力的平衡来达到调控压力的。其中，EP 阀是：电磁力＝所需空气压力＋弹簧复位力；中继阀是：EP 阀送来的空气压力＝所需空气压力＋弹簧复位力，所以它和 EP 阀面临的问题相同，都具有滞后特性。

列车司机发出制动指令和列车开始实施制动并不是同步的，他们之间有一个滞后。造成列车实施制动滞后的原因是多方面的，其中包括列车控制网络导致的时间延迟。制动指令在相邻两车之间传递过程中的时间延迟最长有 50ms，这包括指令编码、译码所用的时间；在 EP 阀中将电子指令转换为气压指令所用的时间；在 EP 阀、中继阀和空气管路中气压指令传输所用的时间。下面对气压指令在阀和空气管路中的滞后做简单的分析。

从总风管到制动风缸要经过很多空气管路、节流阀和制动控制阀等。所以从制动管放风到制动缸空气压力的上升需要一定时间。对空气管路和风缸溶剂做一定的简化和假设，因为充气时间很短，在充气过程中忽略气缸与外部环境的热交换，则充气过程可以简化为绝热定容充气模型。认定压缩空气在充气过程中体积不变。

EP 阀和中继阀的腔体都有一定的容积，来自风源的风要先充满空腔，还有中继阀到增压缸的管路，管路中的压力达到所需压力需要消耗时间，在空-油转换装置中气缸内的体积充满压力也需要时间，这都是造成基础制动装置动作滞后于指令的原因。

3. 电磁阀

电磁阀由排气阀部和电磁阀部组成。它通过电磁阀部线圈的励磁和消磁（得电和失电）使可动铁心动作，开闭供排气阀。因此动车组中的电磁阀为开关型控制件。

电磁阀有 ON 型和 OFF 型两种，如图 4-35 所示。ON 型电磁阀在电磁阀励磁时，输入口和输出口之间连通，同时排气口关闭，电磁阀处于供气状态；消磁时输入口关闭，同时输出口与排气口相通，电磁阀处于排气状态，如图 4-35a 所示。OFF 型电磁阀在电磁阀励磁时，输出口与排气口相通，电磁阀处于排气状态；消磁时输入口与输出口之间连通，同时排气口关闭，电磁阀处于供气状态，如图 4-35b 所示。

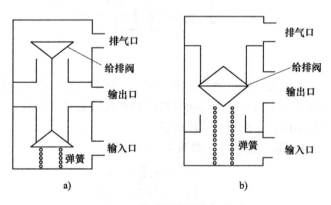

图 4-35 电磁阀的结构示意图
a) ON 型电磁阀的结构示意图 b) OFF 型电磁阀的结构示意图

即 OFF 型电磁阀的励磁/消磁状态和供/排气状态的对应关系与 ON 型电磁阀正好相反。

电磁阀在城市轨道交通车辆上的典型应用是用作紧急电磁阀。在制动控制装置中处于中继阀的控制信号通路上，决定紧急制动信号通路的通断。当司机室操纵控制台上的列车紧急制动按钮操纵（或 ATP 发生控制作用）后，电磁线圈失磁，电磁阀打开，来自上一级的控制信号 AC2 送往中继阀下膜板下腔室，使中继阀输出压力增大，制动系统起制动作用，如

图 4-36 所示。

三、集成式控制阀

1. 制动控制系统简介

制动控制系统指在制动系统之中，能够通过接收空气或电气信号，产生相应控制动作，实现对压缩空气气流、气压等物理参数的精确控制，最终利用制动基础装置产生大小、形式不同的制动力，获得与司机意图、制动信号对应的制动力的系统。制动控制系统由众多制动控制装置组成。以往的制动控制系统由分散式的各种气压、流量控制阀通过管路相连，具备特定的制动控制功能。现代的城市轨道交通车辆从空间与制动效果等多方面考虑，逐步采用了集成式的制动控制装置构成的制动控制系统。检修好制动控制系统的制动控制装置，对于保障制动系统的可靠性具有重要意义。

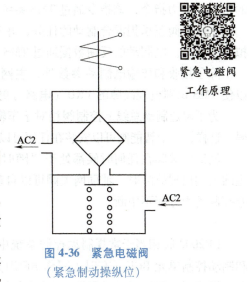

图 4-36 紧急电磁阀
（紧急制动操纵位）

目前国内城市轨道交通车辆上通常使用的制动控制系统多为 EP2002 系统。它具有集成度高，控制精度好，可靠性高等一系列优点。所以，对于 EP2002 的检修工作是目前多数城市轨道交通企业对制动控制装置检修的主要工作。

2. EP2002 制动控制系统

EP2002 制动控制系统，以每个转向架为单位对踏面基础制动装置进行控制。制动控制系统和防滑控制系统采用计算机控制。防滑控制功能集成在 EP2002 控制阀内，另外还有 4 个速度传感器和相应的测速齿轮，对每个车轴进行防滑控制，在低速（低于 2km/h）运行时仍然有效。

EP2002 制动控制系统通过网关阀（G 阀）、智能阀（S 阀）来形成分散式制动控制网络。每个阀都安装在转向架附近（每个转向架一个阀），分别控制对应转向架的常用制动、快速制动、紧急制动和车轮滑行保护，EP2002 控制阀之间通过专用的双通道 CAN 总线连接通信。

动车上装有电制动装置，动车和拖车上装有机械制动（摩擦制动）装置。在电制动不足时，摩擦制动可以进行补充。CAN 总线将一动一拖单元内的制动控制装置连接到一起。

计算机控制的摩擦制动系统包含与电制动和车辆控制系统的接口，并包含诊断和故障报警功能。每个网关阀为 TMS 系统（列车管理系统）提供接口，通过 TMS 系统形成 VVVF 系统接口。万一 TMS 不工作，网关阀还接受列车线信号以指示相应的操作模式和制动等级。每个网关阀向列车监控系统提供硬件指示。

3. EP2002 制动控制系统功能

为了冗余设计的需要，系统内所有的网关阀的功能相同，可以提供备份。现有的网关阀的输入/输出可以在两个网关阀上复制。所有的网关阀均可互换，所有的智能阀均可互换。当系统启动后，系统通过网络配置顺序将两个车辆制动总线网络中的一个网关阀作为主网关阀，起主导作用。

主网关阀向制动总线网络中的每个阀的制动和防滑器电子控制元件发送不同载荷情况下

的常用制动力指令，该指令通过 TMS 系统按照列车制动指令计算得出。

主网关阀还承担混合制动的任务，并对制动模拟指令值进行计算和传输、接收和处理模拟电制动值。电制动的反馈数据通过 TMS 被传输和接收。

除了接收和传输电制动参数外，主网关阀还可以通过 TMS 系统传输故障和状态参数，以便 TMS 识别出现故障的 LRU（电路可更换单元）。

为了确定制动总线上控制阀相对于车辆的位置，在相应的车辆管路上都有一个唯一的编码。这样，一个智能阀可以安装在任何可以安装智能阀的位置，同样的道理也适用于网关阀。

辅助网关阀在任何时候都处于"随时待命"的状态，对主网关阀的状态进行监控。当主网关阀出现故障时，辅助网关阀可以自动承担起主网关阀的任务，确保制动总线网络中的摩擦制动力分配不中断。

4. EP2002 制动控系统部件

EP2002 阀相当于常规制动控制系统中制动微机控制单元 EBCU（有时也简写为 ECU）和制动控制单元 BCU（有时也写作 BECU）的集成部件，根据功能的不同，EP2002 阀可以分为智能阀、RIO 阀（远程输入/输出阀）和网关阀三种，每节车设有两个 EP2002 阀，每个 EP2002 阀都安装在其控制的转向架附近的车体底架上，所有的 EP2002 阀上都提供了多个压力测试接口，可以方便地测量制动风缸压力、制动缸压力、载荷压力、停放制动缸压力等。包含 EP2002 系统的广州地铁 3 号线车辆气路原理图，如图 4-37 所示。

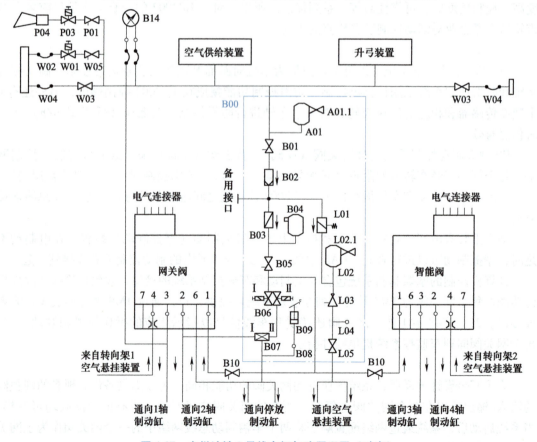

图 4-37 广州地铁 3 号线车辆气路原理图（动车）

B00—制动控制模块　B10—转向架空气制动切除塞门　P04—气笛　W01—解钩电磁阀　W03—截断塞门

(1) 智能阀　智能阀是机电一体化的产品,包括一个直接安装在气阀上的电子控制部件。智能阀产生电控制信号直接控制气阀,对其控制的转向架的电-空制动和车轮滑行进行控制,并通过 CAN 总线与其余 EP2002 阀进行通信。智能阀通过硬连线与列车安全回路（紧急制动回路）相连,当列车安全回路失电时,智能阀将使其控制的转向架产生紧急制动。智能阀电气接口如图 4-38 所示。

(2) RIO 阀　RIO 阀除了具有智能阀的所有功能外,还可以通过硬连线与其控制的转向架上的牵引控制单元进行通信,使电制动和空气制动协调工作。

(3) 网关阀　网关阀除了具有 RIO 阀的所有功能外,还具有制动管理功能。另外,EP2002 制动控制系统（包括网关阀、RIO 阀和智能阀）由网关阀的通信卡通过 MVB 总线（或其他总线）与列车控制系统进行通信。网关阀电气接口如图 4-39 所示。

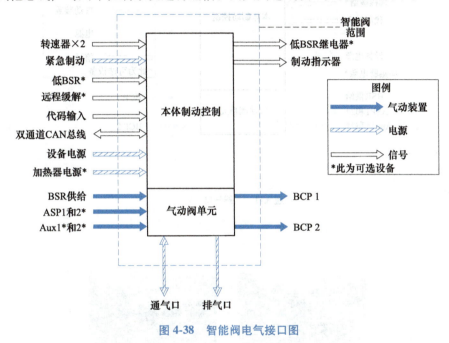

图 4-38　智能阀电气接口图

网关阀和智能阀的外形图如图 4-40 所示。

5. EP2002 阀内部气路结构

所有 EP2002 阀的内部气路是相同的,为了便于理解,将它的功能区域可分成如图 4-41 所示的几个区域来进行说明。

1) 主调节器（"A"区域）。主调节器由一个中继阀负责调整压力到相应载荷的紧急制动压力值。如果电子称重系统发生故障,该阀也负责提供一个最小的空载紧急制动压力。

2) 副调节器（"B"区域）。在主调节器的上游,副调节器负责限制供给到制动缸的最大压力不超过超载荷下紧急制动压力的水平。

3) 载荷压力（"C"区域）。载荷压力负责提供控制压力到主调节器中继阀。这个控制压力在常用制动和紧急制动时有效并且与空气悬挂压力成正比。

4) 制动缸压力调整器（"D"区域）。制动缸压力调整负责将主调节器的输出压力调整成要求的制动缸压力大小。制动缸压力调整区域也负责防滑保护功能激活时的制动缸压力调节。为了安全起见,紧急制动电路和常用制动控制电路是分开的。

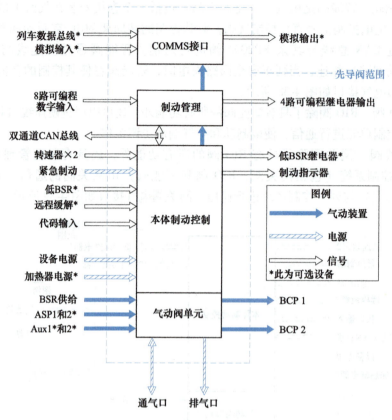

图 4-39　网关阀电气接口图

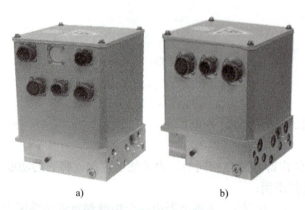

图 4-40　网关阀和智能阀的外形图
a) 网关阀　b) 智能阀

5）连接阀（"E"区域）。连接阀可以使制动缸压力连接到一起或分开。在常用制动和紧急制动时，两根轴上的制动缸输出气路连接到一起，以转向架为单位施加制动；在车轮防滑保护功能激活时，两个轴的制动缸压力被分离开来，每个轴上的制动缸压力是由制动缸压力调整阶段单独控制的。

6）压力传感器（"F"和"G"区域）。压力传感器用于内部调节或外部显示（制动风缸压力，载荷重量，制动缸压力，停放制动）。

按照如上功能区域进行划分仅为了方便理解该阀内部气路特性。EP2002 阀是一种精密的机械电子阀，由上百个零件组成，供货时将以整体的形式提供给车辆制造商。

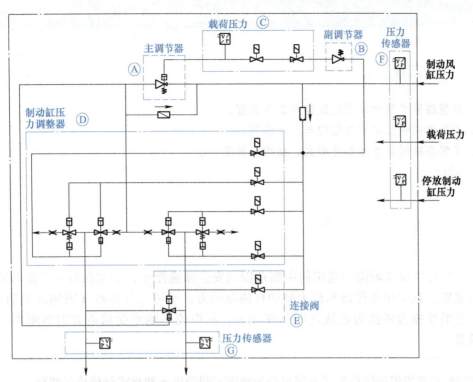

图 4-41　EP2002 阀内部气路原理图

任务三　基础制动装置认知

1. 掌握踏面式制动单元的结构与工作原理。
2. 掌握盘式制动单元的结构与工作原理。
3. 了解基础制动摩擦部件形式、结构与检测标准。

一、基础制动装置概述

1. 基础制动装置的作用

为使运行中的车辆能在规定的距离范围内安全减速停车，必须在每一个转向架上安装制动装置，其作用是传递和放大制动缸的制动力，使闸瓦与轮对（或闸片与制动盘）之间产生的摩擦力转换为轮轨之间的摩擦力，从而使车辆承受前进方向的阻力，产生制动效果。

2. 基础制动装置的形式

基础制动装置根据结构形式不同可分为踏面式制动单元和盘式制动单元两种。

其中，踏面式制动单元的摩擦部件是闸瓦，所以也称为闸瓦式单元制动器。制动单元是否带有停放制动缸结构决定了其是否具有停放制动功能，如图4-42所示。

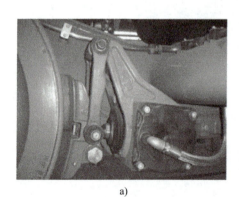
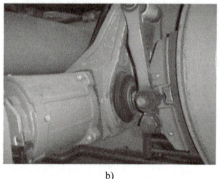

a)　　　　　　　　　　　　　　b)

图4-42　不带停放制动的踏面制动单元和带停放制动的踏面制动单元
a）不带停放制动　b）带停放制动

根据在单元制动器上安装的闸瓦个数，分成单闸瓦式和双闸瓦式单元制动器。踏面式制动单元的安装形式主要有单闸瓦立式安装、单闸瓦悬挂式安装、单闸瓦卧式安装、单闸瓦推移式吊装、双闸瓦立式安装、双闸瓦悬挂式安装、双闸瓦卧式安装、双闸瓦推移式吊装等，见表4-1。

表 4-1 踏面式制动单元安装形式

结构名称	示意图	结构名称	示意图	结构名称	示意图
	1）单闸瓦立式安装					
不带停放制动缸		带停放制动缸		带手制动杆	
	2）单闸瓦悬挂式安装					
不带停放制动缸		带停放制动缸		带手制动杆	
	3）其他单闸瓦安装形式					
单闸瓦卧式安装		单闸瓦推移式吊装			
	4）双闸瓦立式安装					
不带停放制动缸		带停放制动缸		带手制动杆	

(续)

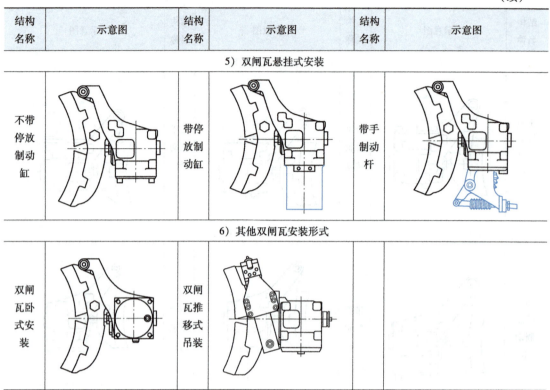

盘式制动能够承受更大的制动压力，多用于高速轨道交通列车上，分为轴盘式和轮盘式两种，如图4-43所示。轴盘式多应用于拖车转向架上，制动盘过盈配合在车轴上，制动夹钳装置通过对制动盘内外侧施加压力实现制动。轮盘式多应用于动车，考虑动车转向架上布置有驱动装置，为节省空间，将车轮内外侧制成制动盘形式，通过夹钳机构实施制动。

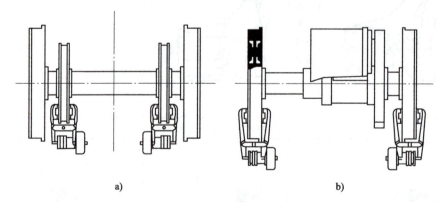

图4-43 轴盘式和轮盘式制动单元
a) 轴盘式 b) 轮盘式

3. 基础制动装置的布置

基础制动装置由基础制动单元（带/不带停放制动功能）、闸瓦或闸片及其他制动组件组成，每个车轮对应安装一套制动单元，同一车轴上的两套制动单元中，其中一套带有停放制动功能。带有停放制动功能的基础制动装置在整个转向架上呈斜对角布置，如图4-44所示。基础制动装置结构紧凑，可有效利用转向架上有限的空间。

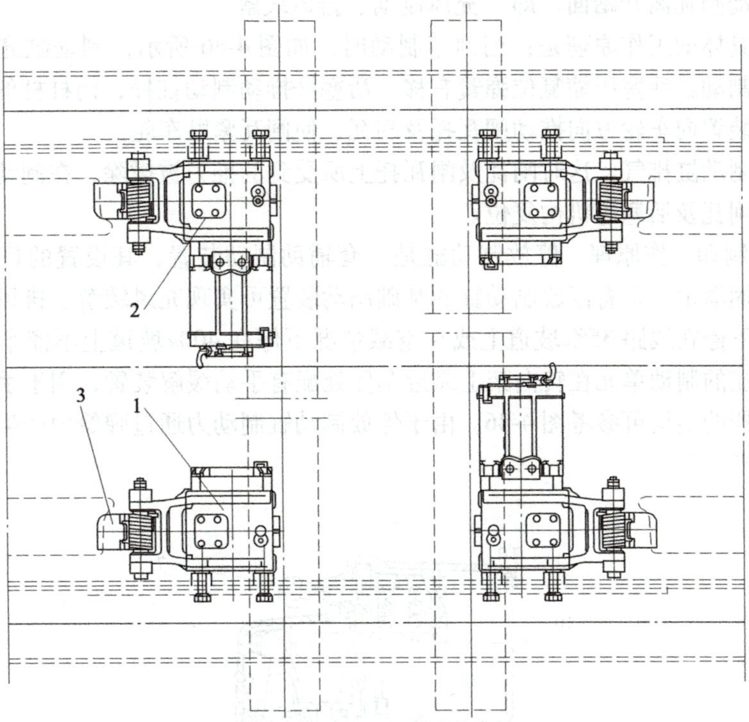

图 4-44 基础制动装置的布置
1—不带停放功能的基础制动装置 2—带停放功能的单元制动装置 3—闸瓦

二、踏面式制动单元的结构与原理

踏面式制动单元有两种形式，一种为不带停放制动缸的踏面式制动单元，另一种是带停放制动缸的踏面式制动单元。制动单元的内部结构，有两种常见的传动机构形式，杠杆式单元制动器和楔块式单元制动器。

1. 杠杆式制动单元

杠杆式踏面制动单元分为带停放制动缸和不带停放制动缸的制动器，主要由制动缸体、复位弹簧、制动缸活塞、扭簧、停放制动缸、闸瓦、闸瓦间隙调整装置、闸瓦托、闸瓦销、停放制动缓解拉环和停放制动弹簧等组成，如图 4-45 和图 4-46 所示。

（1）常用制动工作原理 杠杆式踏面制动单元可根据制动指令使制动缸内产生制动压力，使活塞杆产生推力，经一系列杆件传递分配，将闸瓦贴靠在踏面上，产生压力，将车轮与闸

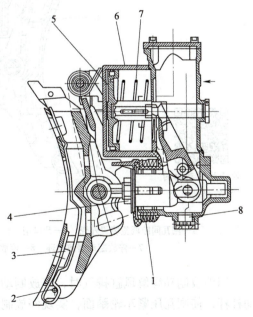

图 4-45 杠杆式踏面单元制动器
（不带停放制动缸）
1—闸瓦间隙调整装置外壳 2—开口销 3—闸瓦销
4—调整螺母 5—制动缸活塞 6—制动缸体
7—复位弹簧 8—呼吸器

瓦间摩擦转化为轮轨间制动力。缓解时，制动缸压力空气排出，活塞在缓解弹簧作用下退回，各杆件带动闸瓦离开踏面，即"充风制动、排风缓解"。

常用制动具体的工作原理是：当列车制动时，如图 4-46 所示，制动缸充气，在压力空气的作用下，制动缸活塞压缩复位弹簧右移，活塞杆推动制动杠杆，而杠杆的另一端则带动闸瓦间隙调整装置向车轮方向推动闸瓦托及闸瓦，使闸瓦紧贴车轮。

缓解时，制动缸排气，这时闸瓦及闸瓦托上所受到的推力被撤除，在制动缸复位弹簧反弹力作用下，闸瓦及活塞等机构复位。

（2）停放制动工作原理　停放制动缸是一套辅助制动装置，其设置的目的是在车辆停放时，防止车辆溜走。带有停放制动缸的基础制动装置可实现充风缓解、排风制动，满足列车在超员情况下停在线路 35‰坡道上或在空载情况下停在 40‰坡道上不溜车的要求。每个带停放制动功能的制动单元在转向架上靠近车侧处配有手动缓解装置，用于手动缓解停放制动。停放制动器的结构可参考图 4-46。由于停放制动缸制动力通过弹簧力产生，也称弹簧制动器。工作原理如下：

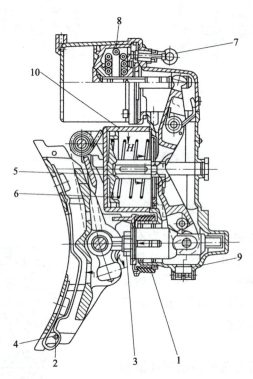

带停放制动缸的
踏面制动单元

图 4-46　杠杆式踏面单元制动器（带停放制动缸）

1—闸瓦间隙调整装置外壳　2—开口销　3—调整螺母　4—闸瓦销　5—制动缸　6—复位弹簧
7—停放制动缓解拉环　8—停放制动弹簧　9—呼吸器　10—制动缸体

当停放制动缓解风缸排气时，停放制动弹簧伸张，通过活塞杆带动停放制动杠杆推动制动杠杆，使闸瓦压紧车轮踏面，实现停放制动。随着缓解风缸压力降低，闸瓦压力增大。当缓解风缸的风压为零时，闸瓦压力达到最大，等于停放制动弹簧的伸张力与停放制动倍率的乘积。车辆带风长时间停放，制动缸及其管路压力空气泄漏，缓解风缸压力也逐渐降低，停放制动施加，且闸瓦压力逐渐增大。

当向缓解风缸充气时，压缩空气推动活塞克服停放制动弹簧的作用力，使活塞杆带动停放制动杠杆复位,从而松开制动杠杆,停放制动得到缓解。所以停放制动是排气制动,充气缓解。

(3) 闸瓦间隙调整器原理　闸瓦间隙调整器简称闸调器,用于自动调整闸瓦与车轮踏面之间的间隙,使之保持在规定的范围之内,一般为 6~10mm。闸瓦间隙调整器的结构如图 4-47 所示。

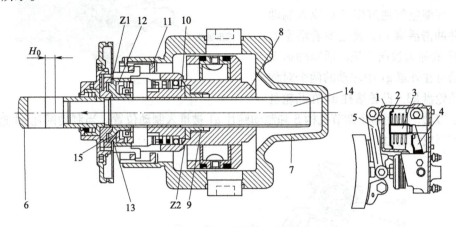

图 4-47　闸瓦间隙调整器结构

1—制动缸　2—制动活塞　3—活塞杆　4—制动杠杆　5—闸瓦托吊　6—推杆头
7—外体　8—闸瓦间隙调整器体　9—连接环　10—止推螺母　11—调整环
12—压缩弹簧　13—调整衬套　14—推杆　15—进给螺母　Z1—啮合锥面　Z2—啮合面

闸瓦间隙调整器可以完成闸瓦和车轮踏面无磨耗时的制动、缓解过程和闸瓦与车轮踏面有磨耗时的制动、缓解过程,其具体工作原理如下:

1) 闸瓦与车轮踏面无磨耗时的制动过程。当施加车辆制动时,推动制动缸活塞及活塞杆,直到调整衬套碰到调整环为止,此时啮合锥面刚好脱开。由于压缩弹簧的作用力,啮合锥面再一次啮合。当啮合锥面刚好完全脱开时,无磨耗时的制动行程完成。此时闸瓦间隙已被消除,闸瓦与车轮踏面接触,当制动缸内空气压力继续上升时,踏面单元制动器便产生了制动作用力。

2) 闸瓦与车轮踏面无磨耗时的缓解过程。当施行车辆缓解时,在缓解弹簧的作用下,整个闸瓦间隙调整器及其所有传动部件脱离车轮踏面。此时,啮合锥面啮合,当调整衬套碰到调整环面离推杆头一端的凸环时,推杆停止向后移动,回到缓解位置,而闸瓦间隙调整器体等仍由于制动缸缓解弹簧的作用,通过制动杠杆继续朝缓解方向移动,止推螺母和连接环的啮合面开始脱开。当啮合面刚好完全脱开时,无磨耗的缓解过程完成。

3) 闸瓦与车轮踏面有磨耗时的制动过程。制动开始时,各零、部件的动作与无磨耗时的制动过程完全一样,所不同的是:推杆向前移动的行程比无磨耗时的制动行程 H_0 大,两者之差为闸瓦和车轮踏面的磨耗量之和。

4) 闸瓦与车轮踏面有磨耗时的缓解过程。缓解开始时,各零部件的动作与无磨耗时的缓解过程完全一样,只是推杆比无磨耗时多向前伸出了闸瓦和车轮踏面的磨耗量之和的距离。

2. 楔块式制动单元

(1) 楔块式制动单元结构　楔块式制动单元取消了杠杆式制动单元内部的杠杆结构,

采用楔块式凸轮盘直接驱动制动杆,其内部结构如图 4-48 所示。楔块式制动单元如图 4-49 所示。

(2) 常用制动工作原理

1) 常用制动施加。如图 4-49 所示,制动时,压缩空气通过接口 C 流入制动气缸,并冲击活塞 k1,使之逆着活塞回位弹簧 f1 的弹力被向下压。活塞的运动被传递给可在外罩 g1 中转动的两个对称安装的凸轮盘 k3。凸轮滚柱 d2 在凸轮盘的弯道上滚动,从而整个调节机构 S 和制动蹄片 a1 被推入制动位置。当制动闸瓦 a4 抱在轮子上时,即形成制动力。

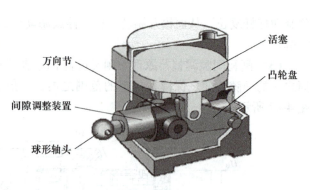

图 4-48 楔块式制动单元内部结构

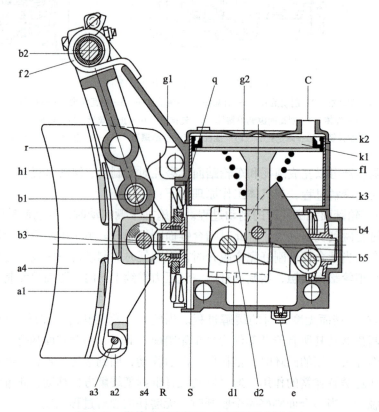

楔块式制动单元工作原理

图 4-49 楔块式制动单元(不带停放制动缸)

a1—制动蹄片 a2—楔式制动块 a3—楔形闩 a4—制动闸瓦 b1—连接销 b2—吊耳螺钉 b3—销钉
b4—活塞销 b5—轴承销 d1—止推块 d2—凸轮滚柱 e—通气塞 f1—活塞回位弹簧 f2—扭转弹簧
g1—外罩 g2—气缸盖 h1—吊耳 k1—活塞 k2—活塞垫圈 k3—凸轮盘 q—波纹管 r—摩擦件
S—调节机构 s4—连杆头 C—压缩空气接口 R—复位六角头

2) 常用制动缓解。闸瓦制动装置的制动气缸重新排气,以便松开。活塞回位弹簧 f1 在吊耳的回位弹簧,如扭转弹簧 f2 或活塞回位弹簧 f1 和调节机构 S 中的回位弹簧的支持下,使所有部件都回到起始位置。

（3）停放制动缸的结构与工作原理　楔块式制动单元的停放制动缸是一种弹簧式储能制动器，如图4-50所示。弹簧式储能器装有一个手动紧急松闸装置（推杆n4），以便使不带压缩空气接口的车辆在停车后松开驻车制动器。

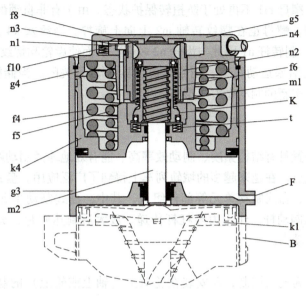

图4-50　停放制动缸

f4—储能弹簧　f5—储能弹簧　f6—压缩弹簧　f8—压缩弹簧　f10—扭转弹簧
g3—气缸　g4—罩盖　g5—罩盖　k1—活塞　k4—活塞　m1—螺母　m2—螺纹转轴　n1—制转杆　n2—齿轮
n3—锁定销　n4—推杆　t—盘形弹簧组　B—常用制动器气缸　F—压缩空气接口　K—锥体离合器

1）缓解状态。在缓解状态下，以通过压缩空气接口F给气缸充气。活塞k4由此逆着储能弹簧f4和f5的弹力被顶在其上部终端位置。螺母m1和螺纹转轴m2完全拧合在一起。这样螺纹转轴就不会挤压常用制动器气缸B的活塞k1，则驻车制动器处于缓解状态。

2）停放制动施加。在停放制动施加时，将气缸g3从压缩空气接口F排气。这样活塞k4传至储能弹簧f4和f5的反作用力即降至0。f4和f5的作用力通过活塞k4、锥体离合器K、螺母m1和螺纹转轴m2作用在常用制动器气缸B的活塞k1上，将该活塞压入制动位置，制动闸瓦即在轮子上抱紧。

3）停放制动缸紧急缓解。如果停放制动缸紧急缓解时没有压缩空气可用，则可手动进行紧急缓解。通过操作制转杆n1时，齿轮n2被放开，因而螺纹转轴m2的扭矩支撑消除。这时由于储能弹簧f4和f5以及螺纹转轴m2的非自锁螺纹所产生的扭矩不再能够在制转杆n1上得到支承，螺纹转轴m2和齿轮n2将进入强烈旋转，促使螺纹转轴m2从螺母m1向上旋出。同时活塞k4向下运动，将空气从气缸g3中排挤出去。储能弹簧f4和f5被放松直到活塞k4贴在气缸底座上为止，这样储能弹簧的弹力不再作用在螺纹转轴m2上。

一旦活塞k4向下运动，则锁定销n3被压缩弹簧f8向下压并将制转杆n1闭锁。制转杆不能再与齿轮n2咬合。通过常用制动器气缸活塞k1对于螺纹转轴m2的反作用力以及压缩弹簧f6的弹力，螺纹转轴在活塞k4已经贴靠底座的状态下又向上旋拧，直到碰上罩盖g5。

这时旋转部件的回转动量使螺母m1在螺纹转轴m2上逆着盘形弹簧组t的弹力向下旋拧，从而使锥体离合器K打开。螺母m1和活塞k4锥形圈之间的摩擦连接断开。自此螺母m1也与螺纹转轴m2及齿轮n2一起旋转，直到它们的回转动量完全衰减。停放制动缸处于缓解状态。

4）停放制动缸重新准备就绪。在紧急缓解的状态下，停放制动缸没有做好制动准备。气缸 g3 以缓解压力从压缩空气接口 F 进气，以取消紧急缓解状态。这样活塞 k4 逆着储能弹簧 f4 和 f5 的弹力向上顶，同时锥体离合器 K 被盘形弹簧组 t 的力打开。因此锥体离合器 K 中的摩擦连接断开，螺母 m1 不再处于防扭转保护状态。由于有非自锁的螺纹，则在活塞 k4 继续向上运动的同时，螺母也在螺纹转轴 m2 上向上旋拧。当活塞 k4 向上运动到终点时，锁定销 n3 被向上顶。制转杆 n1 因此与齿轮 n2 咬合，从而使齿轮和螺纹转轴 m2 重新处于防扭转保护状态。一旦活塞运动结束，则锥体离合器 K 自行关闭。当储能弹簧 f4 和 f5 被张紧，停放制动缸为一次新的制动做好了准备。

三、盘式制动单元的结构与原理

盘式基础制动装置具有结构紧凑、制动效率高、能有效地缩短制动距离、减轻踏面磨耗及检修工作量小等优点，在越来越多的城轨列车上得到了广泛应用。盘式基础制动装置主要由制动盘、合成闸片、盘式制动单元等部件组成。其中，盘式制动单元在压缩空气（或液压油）的驱动下伸出制动杆，作用力经杠杆传递、放大后到达闸片，夹紧制动盘，直接产生摩擦力并转化成制动力。

1. 盘式制动单元的结构

盘式制动单元多为气动控制，与安装在轮对上（轴上或轮上）的制动盘共同作为摩擦制动副使用。盘式制动单元的夹钳与转向架通过四个螺栓安装固定，不需要安装盘或支架。盘式制动单元分为两种，一种是不带停放制动的盘式制动单元，另一种是带停放制动的盘式制动单元。

（1）不带停放制动的盘式制动单元　不带停放制动的盘式制动单元的基本结构如图 4-51 所示。不带停放制动的盘式制动单元用于执行列车常用制动、快速制动和紧急制动的气制动功能。盘形制动单元主要由气缸及腔体、间隙调整装置、夹钳杆件和制动闸片及其支架组成。

图 4-51　不带停放制动的盘式制动单元

（2）带停放制动的盘式制动单元　带停放制动的盘式制动单元，如图 4-52 所示，与不带停放制动的盘式制动单元结构基本一致，只是在不带停放制动的盘式制动单元结构基础上增加了停放制动缸与手动缓解装置，常用制动的施加过程不变。此外，可以利用停放制动缸进行停放制动动作，遵循充气缓解、排气施加原则，手动缓解装置可以在停放制动故障或需要在车底缓解停放制动情况下手动缓解。

2. 盘式制动单元制动工作原理

（1）缓解状态　城轨车辆在电路正常运行时，盘形制动单元处于缓解位置，如图 4-53 所示。

缓解时，空气压力 P 由制动缸排出，在活塞复原弹簧的反作用下，制动活塞向右移动，恢复到缓解位，此时，定位块齿座与推筒支持套接触。间隙调整器动作，调整螺杆带动盘形制动装置的制动放大杠杆，使闸片离开制动盘，盘形制动装置处于缓解位。

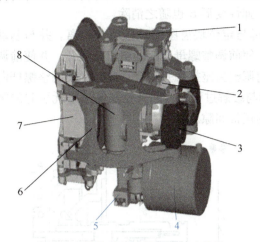

图 4-52 带停放制动的盘式制动单元

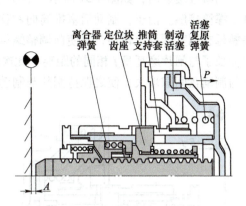

图 4-53 缓解状态下的盘式制动单元

1—支架 2—气缸 3—间隙调整装置 4—停放制动缸
5—手动缓解齿轮 6—夹钳杆 7—闸片支架 8—外壳

（2）正常间隙的调整 制动状态，如图 4-54 所示，制动时，空气压力 P 进入制动缸，克服活塞复原弹簧的作用力，推动制动活塞推筒向左移动，使定位块齿座移动距离 A，此距离 A 为闸片与制动盘间隙之和，即 $A=2sn$（s 为闸片与制动盘间隙，n 为制动杠杆倍率），此时闸片与制动盘刚接触，无作用力，间隙调整器无调整。

在空气压力作用下，制动活塞继续向左移动，此时产生作用力，在制动缸作用力下，间隙调整器及制动放大杠杆产生了弹性变形 E，在该力作用下，压缩离合器弹簧，直至将制动盘压紧，使引导螺母不能转动，因此，使间隙调整器在弹性变形情况下具有不调整的作用，如图 4-55 所示。

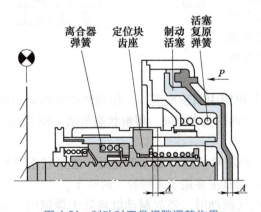

图 4-54 制动时正常间隙调整作用

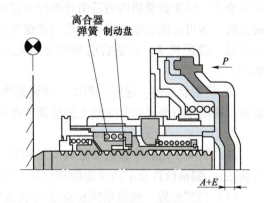

图 4-55 制动时引导螺母不旋转

（3）一般磨耗下的制动原理与间隙调整

1）制动状态。在制动过程中，由于闸片磨耗 f 的距离，制动盘松开，使引导螺母转动，直至后引导螺母齿与定位块齿座接触并啮合，使后引导螺母复位，此时，后引导螺母与调整螺杆之间相对移动 f 距离，此距离正好为闸片的磨耗量，如图 4-56 所示。

2)缓解状态。缓解时,空气压力 P 由制动缸排出,制动活塞在复原弹簧的作用下,向右移动,盘形制动单元产生的作用力逐渐消除,弹性变形 E 也随之消除。

当继续缓解时,如图 4-57 所示,后引导螺母与定位块齿座同时移动 A 距离。并与制动缸支撑筒接触。由于,制动活塞推筒向右移动,使前调整螺母与前调整齿座脱开,并使前调整螺母在调整螺杆上转动,致使前调整螺母与前调整齿座接触并啮合,此时,使调整螺杆向左伸长了与闸片磨耗量 f 相同的距离。此次制动与缓解过程,自动补偿了闸片磨耗引起的闸片与制动盘间隙增大,使之保持闸片与制动盘的正常间隙。

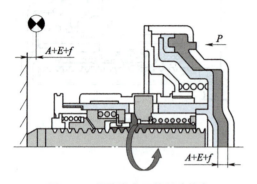

图 4-56 间隙增大下的制动状态

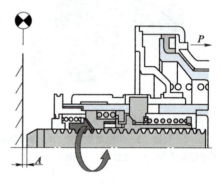

图 4-57 间隙增大下的缓解状态

(4)过度磨耗下的制动原理与间隙调整

1)制动状态。制动状态如图 4-58 所示,闸片与制动盘间隙远远超过 A 正常间隙时,空气压力 P 进入制动缸,活塞杆向左移动的行程仍不足以使用闸片接触到制动盘,此时,间隙调整器的动作与正常闸瓦间隙的调整动作略有不同。

制动全过程中,由于闸片不接触制动盘,调整螺杆不受力,间隙调整器内的后引导螺母与定位块齿座脱开时,即可沿调整螺杆旋转,使调整螺杆伸长并相对移动一段距离 L,直至后引导螺母与定位块齿座啮合。

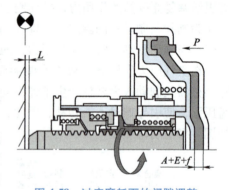

图 4-58 过度磨耗下的间隙调整

2)缓解状态时。缓解过程中,前调整螺母与推筒中间齿座脱开,使调整螺杆移动相应距离,该动作与磨耗后间隙增大的前调整螺母调整动作基本相同。缓解状态与图 4-58 相同。

3. 盘式制动单元停放制动工作原理

盘式制动单元的停放制动缸具有三种位置,即缓解位置(制动单元处于缓解状态及制动状态)、制动位置及手动快速缓解位置。停放制动缸主要用于车辆静止时驻车。

(1)缓解位置 城轨车辆正常运行或施行空气制动时,停放制动缸均处于缓解位。如图 4-59 所示为车辆正常运行,不施行制动作用时,制动单元处于缓解状态,停放制动缸处于缓解位。如图 4-60 所示为车辆施加常用制动时,制动单元处于制动状态,停放制动缸处于缓解位置。

当停放制动缸处于缓解位时,停放制动缸活塞在总风压力下,压缩停放制动缸内主弹簧,保持缓解状态。

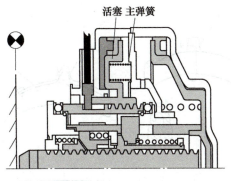
图 4-59 缓解位置（制动单元处于缓解状态）

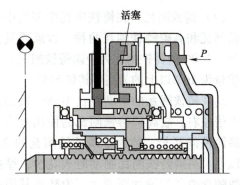
图 4-60 缓解位置（制动单元处于制动状态）

（2）制动位置 当城轨车辆静止停车时，排出总风压力，在停车制动器主弹簧作用下，弹簧制动器制动活塞及调整螺母和调整螺杆向左移动，使之产生弹簧制动输出力。该输出力作用至制动放大杠杆、闸片及制动盘，实现车辆静止停车，如图 4-61 所示。

（3）手动快速缓解位置 当车辆无总风情况下，需要缓解弹簧停车制动器产生的制动作用时，需拉动手动快速缓解装置，使弹簧停车制动作用彻底缓解。拉动手动快速缓解装置时，锁紧机构触头与调整螺杆的棘轮脱开，弹簧制动器制动活塞及调整螺母在停车制动器主弹簧及弹簧作用下向左移动，调整螺杆旋转，并推动制动活塞迅速向右移动，使制动单元达到缓解位置，完成手动快速缓解作用，如图 4-62 所示。

当弹簧停车制动器实现手动快速缓解后，再向弹簧制动缸充入总风时，由于总风压力作用，使制动活塞向右移动，因调整螺杆的棘轮为单向锁闭，可解除锁闭，使调整螺杆反向旋转，使弹簧停车制动器重新达到缓解位置，如图 4-62 所示状态。

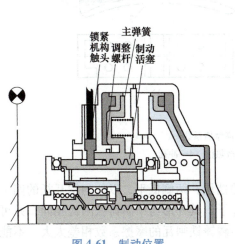
图 4-61 制动位置

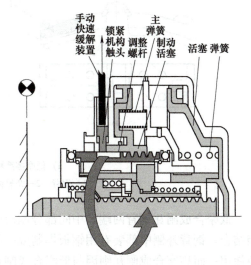
图 4-62 手动快速缓解位置

四、基础制动单元摩擦件结构

1. 闸瓦的作用与类型

闸瓦是列车空气制动过程中闸瓦式基础制动装置直接与车轮相接触的部位，将制动动能转化为热能。城轨车辆上使用的闸瓦可分为铸铁闸瓦、合成闸瓦和粉末冶金闸瓦三种类型。

（1）铸铁闸瓦　在铸铁闸瓦中多用中磷铸铁闸瓦和高磷铸铁闸瓦两种。含磷质量为 0.7%~1.0% 的铸铁闸瓦为中磷铸铁闸瓦，含磷质量为 10% 以上的为高磷铸铁闸瓦。

高磷铸铁闸瓦的耐磨性比中磷铸铁闸瓦高 1 倍左右，故高磷铸铁闸瓦的使用寿命比中磷铸铁闸瓦长，约为中磷铸铁闸瓦的 2.5 倍以上。高磷铸铁闸瓦制动时火花少，摩擦系数随含磷量的增加而增大。为防止其因较高含磷量而导致脆性升高可能引发碎裂，对高磷铸铁闸瓦采用钢背补强支撑结构。

中磷铸铁闸瓦、高磷铸铁闸瓦一般为通用闸瓦，可互换使用。中磷铸铁闸瓦和高磷铸铁闸瓦的结构基本形式如图 4-63 所示。

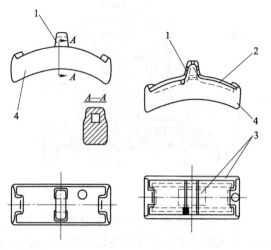

图 4-63　铸铁闸瓦
1—瓦鼻　2—钢背　3—加强筋　4—瓦体

（2）合成闸瓦　合成闸瓦通常是以树脂、石棉、石墨、铁粉、硫酸钡等材料为主热压而成的闸瓦形式，可分为合成树脂闸瓦和石棉橡胶闸瓦两种。由于其材料本身强度小，必须在其背部衬压一块钢板作为支撑，提高它的抗压强度。按其摩擦系数高低，又可分为高摩擦系数合成闸瓦和低摩擦系数合成闸瓦（简称高摩合成闸瓦和低摩合成闸瓦）。合成闸瓦由钢背和摩擦体两部分组成，钢背内侧开有槽或孔，以提高摩擦体与钢背的结合强度。其结构如图 4-64 所示。

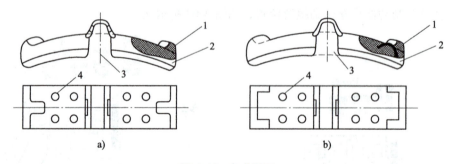

图 4-64　合成闸瓦
a）低摩擦系数　b）高摩擦系数
1—钢背　2—摩擦体　3—散热槽　4—冲孔

低摩合成闸瓦钢背两端的中间部分制成凸起的挡块，两侧低平，以便与闸瓦托的四个爪相结合。钢背外侧中部装有用钢板焊制成的闸瓦鼻子，其外形与中磷铸铁闸瓦相同，并可互换使用；而高摩合成闸瓦则因与低摩合成闸瓦、中磷铸铁闸瓦的摩擦系数相差太大，不能互换使用，为防止混淆，将高摩合成闸钢背两端的中间部制成低平，两侧凸起，正与低摩合成闸瓦相反。钢背内侧还焊有加强筋，以增加钢背的刚度。为了增加闸瓦的散热面积和避免闸瓦裂损、脱落，合成闸瓦摩擦体的中部压制成一条或两条散热槽。合成闸瓦是将合成材料按规定的比例混合均匀后，置于钢模内与钢背热压成为一个整体的。

（3）粉末冶金闸瓦　目前城轨车辆中大多采用合成闸瓦，但合成闸瓦的导热性较差，因此目前也有采用导热性能良好，且具有较好的摩擦性能的粉末冶金闸瓦。

粉末冶金闸瓦根据制动摩擦性能要求不同可分为三类：低摩擦系数闸瓦（L1 或 L2 型）、标准摩擦系数闸瓦（M 型闸瓦）和高摩擦系数闸瓦（H 型闸瓦）。

粉末冶金闸瓦由瓦背和摩擦体组成，如图 4-65 所示。瓦背采用机械性能不低于 Q235-A 的冷轧钢板制造。瓦背取材的长度方向应与钢板的轧制方向一致。钢板技术条件应符合 GB/T 700—2006 的规定。摩擦体以金属或其合金为基体，加入摩擦、减磨或起某些特殊作用的其他金属、非金属组分，用粉末冶金技术制成。

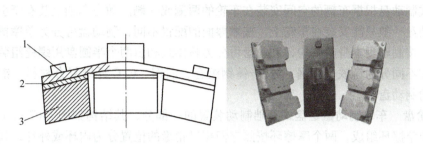

图 4-65　粉末冶金闸瓦的组成与实物
1—瓦背　2—钢背　3—摩擦体

闸瓦作为易磨耗结构，对其运用过程中的尺寸要求较高。通常当闸瓦的剩余厚度为 15mm 以下，达到磨耗极限时或到下次检查时预计会小于 15mm 时，需对闸瓦进行更换，同时还要注意左右制动闸瓦的偏磨情况，并保证车轮和闸瓦之间的间隙自动保持在 10mm 左右，防止因间隙过小，而导致运行中的磨耗或因间隙过大，导致制动力不足。

2. 闸片的结构与维护标准

合成闸片如图 4-66 所示，采用复合材料，一个制动夹钳上安装 4 小片制动闸片，两片闸片组成一块安装在一侧，闸片成扇形形状，在闸片的摩擦面上有 3~5 条凹槽，这样既可以很好地与摩擦环接触又能使磨耗下来的粉末通过凹槽排出，同时还可防止热膨胀后的变形，使闸片与摩擦环这对摩擦副保持良好的接触。

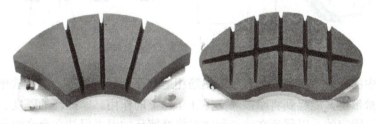

图 4-66　合成闸片的两种形状

在合成闸片的背面有用 1.2~1.5mm 钢板冲压成型并带有燕尾槽的钢背，以增加合成闸片的强度，同时又作为闸片与闸片托的连接件。通过钢背上的孔，经特殊处理后，使合成闸片与钢背牢靠地黏结在一起。

闸片属于磨耗件，应当定期更换，其更换条件如下。

1）闸片材料不匹配，对制动盘有明显伤害。

2）闸片掉块、剥落、初始裂纹区域总面积超过 $2cm^2$ 或钢背有缺陷区域大于 $1cm^2$。

3）闸片磨耗限规定为 9mm，当闸片磨损后的剩余厚度小于 9mm（闸片任何位置的厚度都不能小于9mm)。

4) 闸片异常磨耗,其磨耗速度明显比其他闸片快。

5) 闸片偏磨量超过3mm(最厚处与最薄处之差)。

6) 同一制动盘两侧闸片厚度差超过3mm。

3. 制动盘的结构与维护标准

制动盘按照安装方式的不同可分为轴盘式和轮盘式两种。轴盘式的制动盘压装在车轴内侧。轮盘式制动盘根据车辆的空间安装在车轮的两侧或一侧。动力车轴上装有牵引电机和齿轮箱,制动盘一般只能安装在车轮上。按摩擦面的配置不同,制动盘可分为单摩擦面和双摩擦面两种。按制动盘本身的结构,制动盘可分为整体式和由两个半圆盘用螺栓组装而成的两种。按材质不同分为铸铁、铸钢、铸铁-铸钢组合、锻钢、C/C纤维复合材料、铝合金基复合材料等的制动盘。

(1) 轮盘 车轮制动盘是盘式基础制动装置的一部分,其结构如图4-67所示。轮装制动盘由两个摩擦环组成,两个摩擦环按照它们相对轮缘的位置分为内环或外环,其中靠近轮缘侧的称为内环,另一侧称为外环。

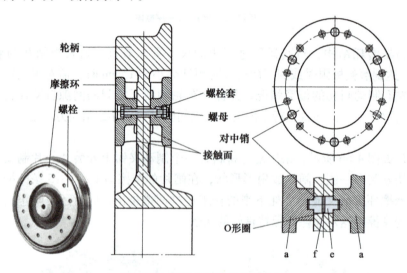

图 4-67 轮盘式制动盘的结构图

这种结构中的任一个盘环都具有和散热筋相适宜厚度的摩擦环,这些散热筋既能将制动过程产生的热量带走又能起到将摩擦环支撑在车轮上的作用。摩擦环的厚度、散热筋的数量和几何结构都是固定的,以保证在施加制动时将摩擦环的温度保持在允许的范围内,由于与闸片摩擦,制动时轮装制动盘发热,由轮转动的鼓风效应产生的气流提供冷却功能。制动盘和轮辐之间的气流流经径向排布的散热筋,带走制动过程中产生的热量。轮盘分体结构如图4-68所示。

(2) 轴盘 轴盘式制动盘由摩擦环、盘毂和连接装置组成,如图4-69所示。摩擦环是由低合金特种铸铁制成的,由两个半环组成,组装时用两个螺栓紧固在一起。这两个螺栓的作用是连接两个半环形摩擦环,并将其定位,使两个半环部分不会错动。

盘毂用铸铁制成。摩擦环与盘毂之间通过8个径向排列的弹性销套相连接。弹性销套中间穿有螺栓,两端装有锥形垫圈,并用弹簧垫圈和槽形螺母锁紧螺栓。弹性销套中的螺栓只承受较小的紧固力,而不承受剪切力。摩擦环和盘毂间的力是靠弹性销套来传递的。弹性销

图 4-68 轮盘分体结构

套的另一个作用是使摩擦环与盘毂之间既连接良好又不固定死,当摩擦环受热产生膨胀时,能沿着 8 个径向弹性销套自由膨胀,这样就可以减轻摩擦环的热应力和避免热裂。此外,这种弹性销套连接方式的热阻大,能够防止摩擦环的热量向盘毂传递,以避免盘毂在车轴上产生松弛现象。

摩擦环制成对半分开式,是为了在摩擦环磨耗到限时可以方便地更换,而不需要退轮(因为无须更换盘毂,仅仅是更换摩擦环)。

(3) 制动盘的检查维护 如果制动盘上出现裂纹,应根据下面细节对轮装制动盘进行裂纹检查。

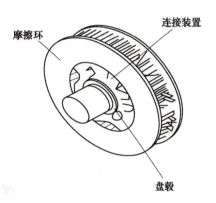

图 4-69 轴盘式制动盘

1) 发丝状裂纹(如图 4-70a 所示)。在运用过程中,承受主要热应力的摩擦盘会产生深度很浅的细微分叉状裂纹。它可能随机地分布在摩擦表面上。这种裂纹不影响制动盘的正常使用。

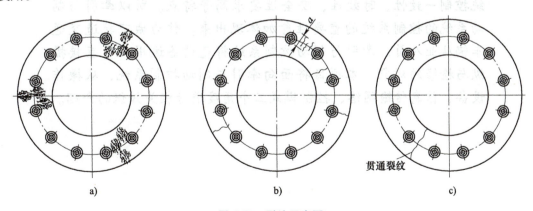

图 4-70 裂纹示意图
a) 发丝状裂纹 b) 初裂纹 c) 贯通裂纹

2) 初裂纹(如图 4-70b 所示)。初裂纹是还没有完全从摩擦环的内径扩展到外径的裂纹。

3) 贯通裂纹(如图 4-70c 所示)。在制动盘上不允许产生从内径一直扩展到外径或扩展到散热筋的贯通裂纹。具有此类裂纹的制动盘必须及时更换。

项目五 牵引与制动控制系统认知

学 习 导 入

现代城市轨道交通车辆系统功能越来越丰富的同时，对控制系统控制逻辑与控制性能提出了更高要求。尤其是牵引与制动系统，是关乎车辆运行的重要系统，具有下属设备众多，系统控制一致性、时效性、安全性要求高等特点。所以牵引与制动系统的控制系统的重要性愈加体现出来。作为城市轨道交通车辆从业人员，牵引与制动控制系统将是设备运用人员直接操纵与检修的对象。本项目将面向牵引与制动控制系统，从操作设备、信息传输网络、控制模式三个角度进行相关知识的介绍。

任务一　牵引与制动控制系统操作设备认知

任务目标

1. 了解司机控制器的分类与结构。
2. 了解司机控制器信号产生原理。

知识课堂

城市轨道交通车辆司机控制器简称司控器，是司机日常工作主要的操作设备，是人工控制指令的发生设备。司机通过手动操作司控器可以实现列车激活、运行方向选择、牵引系统与制动系统的控制从而实现车辆速度控制。

一、司机控制器的分类

按司机控制器操作手柄的操作方式，可将司控器分为手轮式、扳把式、平推式三种；按换向手柄的操作方式，可将司控器分为钥匙式和非钥匙式两种；按是否有机械锁机构，可将司控器分为有锁机构式和无锁机构式两种；按是否具有警惕装置，可将司机控制器分为有警惕装置和无警惕装置两种。下面就对几种分类条件下的不同司控器形式做简要介绍。

1. 手轮式司机控制器

手轮式司机控制器的速度控制手柄是以"手轮"形式存在的，如图 5-1 所示。手轮式司机控制器具有：能够输出无级信号，信号变化连续、平稳、可靠；同轴传动，有效减少传动误差，传动精度高；能够实现大角度控制，档位分割细致。但存在司机控制器体积偏大，结构不紧凑，电位器加装、调整困难等问题。目前，该类型司机控制器在城市轨道交通车辆上使用并不广泛。

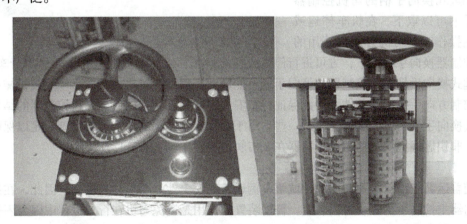

图 5-1　手轮式司机控制器

2. 扳把式司机控制器

扳把式司机控制器的控制手柄是扳把式档杆，如图 5-2 所示，其结构紧凑、操作方便。

但是，由于扳把式档杆回转轴安装在操作面板以下，其转动角度有限，故不能细致地分割档位。目前该种司机控制器在城市轨道交通车辆中具有广泛应用。

3. 平推式司机控制器

平推式司机控制器的控制手柄操作方式为平动，如图5-3所示。即通过控制手柄直线动作进行车辆速度控制。该种司控器可以稳定地进行无级调速，司机进行操作舒适方便。但是由于这种司机控制器的传动方式为齿轮齿条结构，所需安装空间较大，此外其质量较重、结构较复杂、制造成本较高。目前，平推式司机控制器只少量应用于城市轨道车辆上。

图 5-2 扳把式司机控制器　　　　图 5-3 平推式司机控制器

4. 钥匙式和非钥匙式司机控制器

司机控制器的换向手柄常见的有钥匙式和非钥匙式两种，如图5-4和图5-5所示。为了保证列车的行车安全，非钥匙式换向手柄的司机控制器一般会有机械联锁机构。

这两种司机控制器的主要区别是：钥匙式换向手柄的司机控制器换向手柄可以取下，在机车停运或者换端操作时，司机必须将停用的

图 5-4 钥匙式司机控制器及钥匙式换向手柄

司机控制器换向手柄取下，方可进行停运或换端操作，以此避免误操作从而保障行车安全。非钥匙式换向手柄司机控制器的换向手柄不能取下，因此，司机控制器必须安装机械联锁机构，控制方向手柄操作条件，以此保证行车安全。非钥匙式换向手柄司机控制器的结构相对钥匙式换向手柄司机控制器会复杂一些。由于车辆控制网络的功能愈发完善，足以保障行车安全，非钥匙式换向手柄司机控制器在城市轨道交通车辆上有着广泛应用。

5. 有警惕装置的司机控制器

随着运营工作量的不断增加，城轨车辆运营的安全性能要求越来越高，因此，在部分司机控制器主控制手柄安装警惕装置。警惕装置的作用是避免司机在行车过程中因为困倦或离岗而发生行车失控事故。有警惕装置的司机控制器如图5-6所示，要求司机在行车过程中每隔一段时间触动警惕装置，以保证精神集中及在岗；如果司机在规定时间间隔内没有触动警惕装置，列车会进行警报，甚至紧急制动，以避免事故发生。目前，该司机控制器已经广泛应用于城市轨道车辆上。

图 5-5　非钥匙式司机控制器

图 5-6　有警惕装置的司机控制器

二、司机控制器信号产生原理

城市轨道车辆司机控制器是司机操纵列车牵引、制动，即发出牵引、制动指令的装置。根据指令类型的不同，城市轨道车辆采用的司机控制器电气指令有模拟型和数字型之分。

模拟型司机控制器主操作手柄装置的主要部件是形成模拟电量的电子元器件，把司机主操作手柄的转动位置（对应了不同的牵引、制动级位）通过旋转编码器（角位移编码器）转变成相应的模拟信号幅值。最常用的模拟信号是脉冲宽度调制（pulse width modulation，PWM）信号，需要一个精密的角度线性电位器，用不同制动级位对应的电阻值调制脉冲信号发生器的脉冲信号宽度，形成占空比信号。该信号可经列车传输线或列车网络数据线传输。

数字型司机控制器主操作手柄装置通常由手柄、传动轴、凸轮盘、微动开关、接线座、安装座等组成。

模拟型司机控制器与数字型司机控制器分别对应了有级调速和无级调速两种城轨车辆控制方式，分别使用凸轮触点机构和电位器等机构产生数字指令信号和模拟指令信号。

1. 数字指令

所谓数字指令是指由 0 和 1 组成的二进制数，1 位二进制数可以表达两种信息；2 位二进制数可以表达四种信息；再用 3 位二进制数字进行组合时，可以形成八种不同组合，表达八种信息。

在制动控制上，0 和 1 分别对应制动控制线的通断电，可以用 3 位二进制数字组合来代表 0 位及 7 级制动，产生一个 0 位和 7 个制动级位，见表 5-1。如果采用更多的制动控制线，可以得到更多的制动级位。

表 5-1　3 线 7 位数字式制动指令表

级位	0	1	2	3	4	5	6	7
制动控制线 1	0	0	0	0	1	1	1	1
制动控制线 2	0	0	1	1	0	0	1	1
制动控制线 3	0	1	0	1	0	1	0	1

这种方式需要定义 3 根线的编码"位"，但抗干扰能力不强。两个级位之间只要有某根

线串入干扰电平,就有可能引起高低位之间的错码。但这种方式简单,需要用的指令线较少,在备用指令中可以采用,如利用两根制动控制线进行2位编码,产生三个制动位。

实际产品中常采用逐级依次加电的多线组合方式。如采用7根指令线,同样形成7级常用制动指令,见表5-2。这样,级位越高的制动指令的形成需要更多的指令线同时带电才有效,提高了抗干扰能力,同时也有利于用于简单的逻辑判断进行指令线传输状态的故障诊断。

表5-2 7线7位数字式制动指令表

级位	0	1	2	3	4	5	6	7
制动控制线1	0	1	1	1	1	1	1	1
制动控制线2	0	0	1	1	1	1	1	1
制动控制线3	0	0	0	1	1	1	1	1
制动控制线4	0	0	0	0	1	1	1	1
制动控制线5	0	0	0	0	0	1	1	1
制动控制线6	0	0	0	0	0	0	1	1
制动控制线7	0	0	0	0	0	0	0	1

数字指令可以用两种方法传输至列车信息控制网络,如图5-7所示。一种是司机制动控制器内部把反映司机操作位置(制动级位)的指令变换成标准电平的数字量,然后用数字通信方式把指令传送给列车网络,这种方式需要在司机制动控制器内部安装转换电路或计算机。

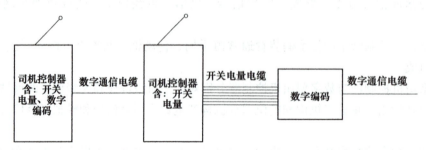

图5-7 数字式制动指令形成方式

另一种是在司机制动控制器内形成控制电压的开关量,经多条控制线送到列车网络,由网络内逐级相应的信号处理板完成标准数字量的转换。这种方式在司机制动控制器内部不需要安装转换电路或计算机,相对简化了制动控制器的结构。

2. 模拟指令

模拟指令式制动控制系统可以实现制动无级操纵。它一般采用电压、电流、频率和脉冲宽度等模拟电信号来反映司机制动控制器的级位信息,传递制动指令,如图5-8所示。从原理上讲,因为可以实现无级操作,模拟指令式制动控制系统比数字指令式制动控制系统使司机操纵更为方便,但纯粹的无级操纵不容易建立操纵者的条件反射,不方便找到合适的操作位置,因而应用的不多,往往司机在制动控制器的手柄上再人为地加上便于建立手感的参考定位机构,从某种程度上说也就失去了模拟指令的特点。此外,采用模拟指令对指令传递的设备性能要求较高。一旦设备性能不能满足要求,可能造成制动指令精度下降,影响制动效果。

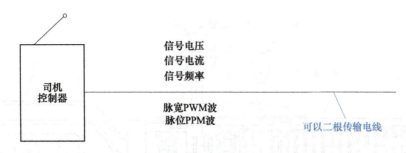

图 5-8 模拟式制动指令形成方式简图

三、司机控制器的布置

司机控制器的几种布置形式如下。

1. 独立设置的牵引、制动手柄的司机控制器

它通常是制动手柄独立设置于司机室控制台,位于司机左前方位置,便于司机左手操纵;牵引手柄独立设置于司机室控制台,位于司机右前方位置,便于司机右手操纵。

2. 牵引、制动一体化手柄

常见司机控制器的制动手柄与牵引手柄是合在一起的牵引制动手柄,也称为主手柄。手柄在垂直于台面的位置(即铅锤位)为中立位,由此位置向前推为牵引控制区,向后拉为制动控制区,其中制动控制区的前半区为常用制动区(一部分产品中手柄设立 7 个常用制动级位),常用制动区之后有一个定位(松手后能够自己稳定的位置)是紧急制动位,有的制动产品标记为快速制动位。如图 5-9 所示,手柄设置于司机室控制台,位于司机右前方位置,便于司机右手操纵。

图 5-9 司机控制器安装位置

四、司机控制器的结构与原理

随着城市轨道交通车辆技术的不断发展与完善,如今司机控制器也在向着功能集成化、结构轻量化、联锁可靠化的方向发展。下面仅以我国城市轨道交通车辆中最为常见的有警惕装置的扳把式、非钥匙式换向手柄、凸轮触点数字指令式有级控制司机控制器为例介绍其结构与原理。

司机控制器的主要操作部件有主控制手柄、方向手柄、主控制器钥匙开关和警惕开关。属于凸轮和辅助触头配合实现触点开闭控制的有触点电器。该司机控制器由上、中、下三层组成如图 5-10 和图 5-11 所示,上层(面板上)由钥匙开关 1、主控制手柄 3、方向手柄 5、警惕开关 4 和位置标牌等组成。中层由安装面板组成。下层主要由联锁结构、转轴(换向轴 6、控制轴 8)、凸轮结构(换向凸轮 7、控制凸轮 9)、辅助触头组(控制辅助触头组 10、换向辅助触头组 11、钥匙开关辅助触头组 13)、调速电位器和电连接器 12 等组成。

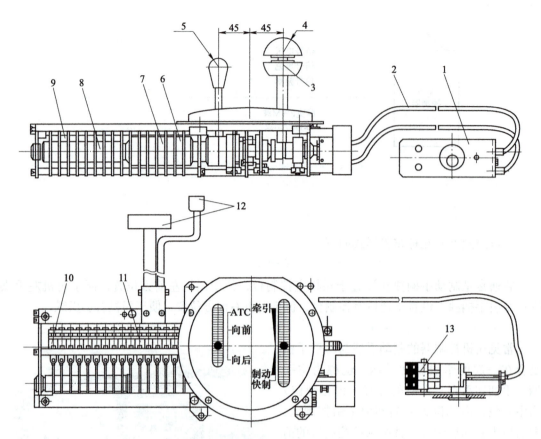

图 5-10 司机控制器结构（尺寸单位：mm）

1—钥匙开关 2—钢丝绳 3—主控制手柄 4—警惕开关 5—方向手柄 6—换向轴 7—换向凸轮 8—控制轴 9—控制凸轮 10—控制辅助触头组 11—换向辅助触头组 12—电连接器 13—钥匙开关辅助触头组

1. 主控制手柄

主控手柄有零位、牵引、制动、快速制动四个位置。

"0"位——机械零位。

"牵引"位——向前推动手柄（远离司机），牵引给定值可有级输入，最前端位置为"100%最大牵引档位"。

"制动"位——向内拉动手柄（拉向司机），制动给定值可有级输入，在"100%制动位"有一阻滞，最里端位置为"紧急（快速）制动位"，快速制动带有限位凹槽。

2. 方式/方向手柄

方式/方向手柄用于选择驾驶方向，有向前、0、向后三个位置。运行方向必须在车辆运行前选择，并且到下一站前保持有效。

"ATC"位——列车自动控制位。它通过系统操作或手动控制向前运行。在制动位上通过操作主控器手柄，可摆脱"ATC"的指令进行制动。

"0"位——没有驾驶模式被激活。

"向后"位——人工倒车模式。

方式/方向手柄与主控制手柄间存在机械联锁。只有当主控器手柄在"0"位，方式/方向手柄才进行向前或向后位置转换。只有当选择好方向，即方式/方向手柄在非零位，主控器手柄才可进行牵引或制动操作。一旦方式/方向手柄在非允许情况下改变了方向手柄的位置，则系统自动启动紧急制动。

主控制手柄和方式/方向手柄各配置一套转轴、凸轮和辅助触头装置，分别称它们为控制轴机构和方向轴机构。控制轴机构包括与控制手柄连接的控制轴 8 及其安装在该轴上的控制凸轮 9、控制辅助触头组 10 等。方向轴机构包括与方向手柄连接的换向轴 6 及其安装在该轴上的换向凸轮 7、换向辅助触头组 11 等。其中控制轴是一个实心细长轴，作内轴；换向轴是一根空心粗短轴，套在实心轴的外层，其配套凸轮分别套在两根轴上，手柄的转动便可带动相应的轴及凸轮转动，从而带动辅助触头开闭状态的变换。

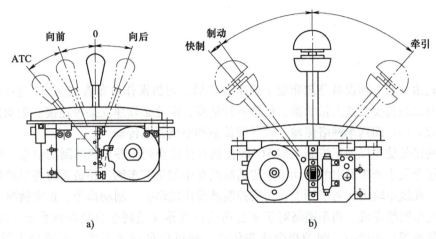

图 5-11 司机控制器左视图和右视图
a）方向手柄 b）主控制手柄

3. 主控制器钥匙开关

主控器钥匙用于激活司机台，如图 5-12 所示，有两个位置：

"0" 位——关闭位置，只能在此位置取出或插入钥匙。主控器钥匙零位时，主控器手柄和方式/方向手柄被锁死，不能操作且都处于零位。

"1" 位——激活司机台。司机可进一步操作其他开关激活车辆。一旦主控器手柄和方式/方向手柄处于非零位，则主控器钥匙被锁死不能回零位。只有当主控器手柄和方式/方向手柄双零位时，主控器钥匙开关才能从 "1" 位回到 "0" 位。

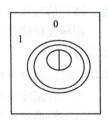

图 5-12 主控器钥匙位置图

4. 警惕开关

警惕开关位于主控制手柄的上端的两个半圆头开关。正常工作时，司机必须用大拇指将两个半圆合拢，只有停车时才放开。人工驾驶时只有按下警惕开关，操作主控制器手柄，列车才能起动。若松开警惕开关 3s（在弹簧作用下两个半圆头分开），列车立即进入紧急制动状态。

5. 电位器

在主控器手柄底部连接一电位器，当主控器手柄由零位移向牵引或制动位时，输出 0~20mA 电流的司机指令给控制电路。

任务二　牵引与制动系统控制网络认知

1. 了解列车控制指令的传输原理。
2. 了解列车控制系统网络组成。

一、列车控制指令的传输

城市轨道交通车辆设备分散布置于列车各车辆，司机操作台布置在头车。各设备之间、司机与设备之间需要交换大量数据、传输各种信息，因此必须建立某种连接。制动指令传输装置可分成 3 层，即列车网络传输、硬导线传输和空气管路传输。

列车网络传输是以列车控制系统 TCMS 控制并传输全列车各车辆的制动信息，它不但负责将制动指令发生装置发出的制动指令传送给列车中的所有车辆，还负责将各车的信息传递给司机室。在城市轨道交通车辆上，司机控制器发出的牵引、制动指令，正常情况下的传输一般交由列车网络完成，列车网络对于来自司机控制器（或列车自动控制系统 ATC 车载设备、安全装置等）的牵引、制动指令优先传送。通过信息网络系统，可减少大量硬连线，实现列车的集中控制，减轻列车重量。

列车网络传输采用的传输介质有多股双绞线和光纤两大类，为提高信号传输的质量和速度，减轻信号传输系统的重量，城市轨道交通列车中的列车线往往采用光缆。

硬导线传输是以贯穿全列车的电气制动指令线来传输牵引、制动控制指令。在牵引、制动设备发生故障时（如网络传输故障或控制计算机故障），可以通过硬导线（电缆线）作为备用传输线向全车传递指令。

空气管路传输则是以制动管的压缩空气作为介质来传输制动、缓解信号。在多种型号的国产城市轨道交通车辆中，有一套独立的自动式空气制动机作为冗余或备用制动系统。当电空制动系统正常时，采用电气指令作为冗余，空气制动指令在制动管内传输，同时发生作用。当电空制动系统出现故障时，启用空气制动系统作为备用制动，如图 5-13 所示。

在图 5-13 中所示的列车网络中，列车上每个制动控制单元（BCU）和牵引控制单元（DCU）都与一个专门的总线相连。总线可在整列编组上扩展。带司机室的控制车上的控制单元起到主控制的作用且与 TCMS 的 MVB 总线连接，获得来自司机手柄和列控系统车载设备的牵引、制动（电制动和空气制动）请求。在编组中的主控制单元通过司机控制台钥匙的插入进行定义。每个控制单元控制本车的牵引、制动设备。在每个动车上的牵引控制单元（DCU）都与 TCMS 的 MVB 总线连接，每个 DCU 执行本车电制动功能并且通过硬线连接驱动空电互锁。

主控制单元直接读取手柄位置和列控系统车载设备的制动请求并处理这些信息，设定制动所需的牵引力、电制动力和电空制动力。例如在进行电空复合制动时，命令通过总线发送

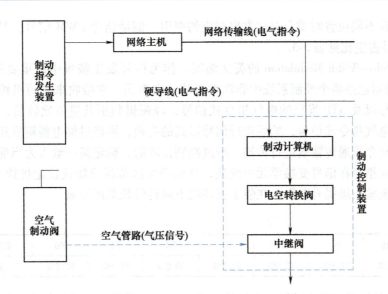

图 5-13 某型车辆制动指令传输方式

给列车编组的所有 BCU，相应的执行本车空气制动阀的控制；电制动命令通过 TCMS 的 MVB 总线传递给牵引主控制单元进行处理并通过列车控制网络（MVB 和 WTB）传送给所有的 DCU。

1. 数字式制动指令的传输

列车网络中，司机控制器或列控系统车载设备发出的牵引、制动请求信号经中央装置转换成数字信号传送至每个车辆的终端装置，再经过车辆内部的局部总线传递至控制单元，动车的制动控制单元向牵引控制单元发出电制动请求信号，并根据返回信号控制本车的空气制动阀施加所需的空气制动力，同时还要向相关拖车的制动控制单元发送空气制动补足参考信号。以某型车制动控制系统为例，其信号传输结构如图 5-14 所示。

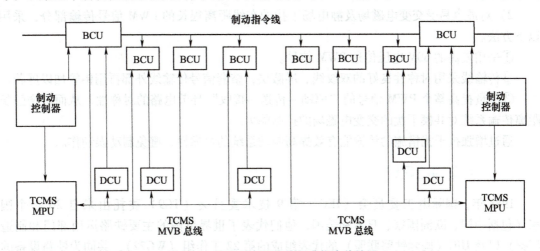

图 5-14 采用列车网络的制动指令传输图

2. 模拟式制动指令的传输

模拟式制动指令由司机控制器的位置信息经调制或直接编码形成。

例如，某系统的制动指令信号为 475~525Hz 的 24V 单极性 PWM 信号，由编码器发出。

司机主控制器在不同位置时就会对应发出对应的牵引、制动指令 PWM 信号。某系统的制动指令 PWM 信号占空比见表 5-3。

PWM 是 Pulse-Width Modulation 的英文缩写，作为信号发生装置中最重要的部件之一，PWM 脉宽调制器也是整个控制系统中非常重要的一个单元。它接收来自司机控制器产生的电气指令式信号以及 ATP 发出的电气指令式信号，经逻辑判别及量值比较后，根据协议约定，选择有效电气指令式信号，然后进行信号形式的变换，再经过继电器箱后送至贯通全车的牵引、制动指令直通传输线进行传输。经过判别比较后，确定某一输入为当前应该执行的指令，然后将此指令在信号变换单元中变换，从而产生脉宽按照协议设定规律变化的 PWM 信号，最后送至输出级提升电压，在强干扰环境下进行较长距离传输。

表 5-3 PWM 制动指令信号的占空比

级位	运转	B1	B2	B3	B4	B5	B6	B7	FB
占空比	15.0%	23.8%	32.5%	41.3%	50.0%	58.8%	67.5%	76.3%	90.0%

PWM 信号的抗干扰能力较强。在城轨车辆上，主要干扰来自系统外部，如变压器、变流器及其他强电设备；系统内部主要是系统供电电源的波动。因此要采取抗干扰措施，如：

1) PWM 系统各部分（指令电位器、PWM 发生器、传送驱动电路、编码及解码电路）的直流工作源，均经一级或多级 DC/DC 模块供电，可有效抑制 110V 直流供电电源中的干扰及 110V 直流电源的波动所造成的不利影响。

2) PWM 系统各部分电路中均在关键部分设置了尖峰干扰吸收滤除电路，以进一步抑制此类干扰。

3) 加强隔离措施，以切断有害的电流回路。

对主要通过"交变电磁场"方式引入的干扰，通过以下措施加以抑制。

1) 屏蔽 PWM 系统各部分电路，采用接地及隔离措施，以有效抑制各类交变电磁场及静电场干扰。

2) 对最容易受交变电磁场及静电场干扰的布线距离很长的 PWM 信号传输部分，采用以下方法。

①采用较高的 60V 电压传送 PWM 信号。

②传输线采用对称性良好的双绞线、屏蔽层，整套信号传输线外部再用铝管加以屏蔽。

③尽量提高整个 PWM 信号的"驱动→传送→接收"环节电路的对称性，从而可增强长距离传输系统对共模干扰的交变电磁场的抑制能力。

通过增强抗干扰措施的传输能有效提高制动系统的可靠性，避免制动误动作。

二、列车通信网络

1988 年，国际电工委员会（IEC）第 9 技术委员会（TC9）委托由来自 20 多个国家（包括中国、欧洲国家、日本和美国，他们代表了世界范围的主要铁路运用部门和制造厂家）以及 UIC（国际铁路联盟）的代表组成的第 22 工作组（WG22），共同为铁路设备的数据通信制定一项标准。1999 年 6 月，经过长达 11 年的工作，IEC/TC9/WG22 在 ABB 公司的 MICAS 基础上，以及西门子的 DIN43322 和意大利的 CD450 等运行经验的基础上制定的列车通信网络标准（Train Communication Network，TCN）——IEC61375 正式成为国际标准。我国于 2002 年颁布的铁道部标准 TB/T3025—2002 正式将其确认为列车通信网络标准。

1. TCN 应用范围

TCN（IEC61375）标准适用于开式列车的数据通信，它包括开式列车的车辆与车辆间的数据通信及开式列车中一个车辆内的数据通信。

应用 TCN 标准的列车通信总线（WTB）能实现国际交通用的开式列车中各个车辆的协同操作。车辆内部的数据通信总线（MVB）作为该 TCN 的推荐方案。在任何情况下，供应商应保证 WTB 与建议的车辆总线兼容。

开式列车是由一组车辆构成的列车，其组成在正常运行中是可以改变的，如 UIC 范围内的列车；闭式列车是由一组车辆组成的列车，在正常运行中其组成不会改变，如地铁、城郊列车或高速列车；多单元列车由几个闭式列车单元组成，在正常运行中，组成列车的单元数量可以改变。

列车通信网络（TCN）连接列车车辆上车载可编程设备，其功能如下：

1) 牵引和车辆的控制（遥控、门、灯……）。
2) 远程诊断及维护。
3) 提示旅客运行信息，提升乘坐舒适性。

列车通信网络的基本结构式是由两条总线组成的三层结构，如图 5-15 所示。列车通信网络包含了两种总线：连接一个车辆内设备的多功能车辆总线（MVB），总线能快速响应，工作速率为 1.5M bit/s，介质为双绞线或光纤；连接列车各车辆的绞线式列车总线（WTB），总线能自己组态，工作速率为 1M bit/s，介质为屏蔽双绞线。

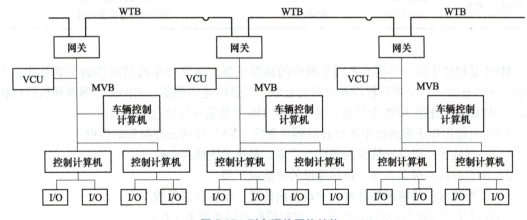

图 5-15 列车通信网络结构

三层结构是列车级控制、车辆级控制及设备级控制三层。

两条总线在链路层提供了相同的两种服务。

1) 过程数据：周期性的，源寻址广播数据。
2) 消息数据：按需传送的，目标寻址的数据报文。

在更高层，TCN 实时协议提供两种与总线独立的应用服务。

1) 变量群（分布式过程数据库）。
2) 消息群（呼叫/应答及多播消息）。

它的网络管理功能包括：支持列车网络组态、可进行诊断及维护。组网设备通过一致性测试后，就可成网协同工作。

表 5-4 综合了列车通信网络特性。

表 5-4 列车通信网络特性

特性	绞接式列车总线 WTB		多功能车辆总线 MVB
结构	结构可变,结构改变时,具有适应性		结构及设备的地址固定不变
介质	屏蔽双绞线(860mm,32 个节点,相当于 22 个 UIC 车厢)		双绞线,RS-485(20m,32 个设备);变压器隔离屏蔽双绞线(200m,32 个设备);星形光纤网(2000m,2 个设备)
物理冗余	双份物理层		双份物理层
信号	带 16~32 位前同步码的曼彻斯特码		带定界符的曼彻斯特码
信号速度	1Mbit/s		1.5Mbit/s
地址空间	8bit 地址		12bit 地址
物理地址	点对点及广播		点对点及广播
有效的帧长度	在 4~132 个字节之间可变		量化的:16bit/s,32bit/s,64bit/s,128bit/s,256bit/s
完整性	帧 FCS-16,帧校验以及曼彻斯特码		IEC60870 校验序列及帧尺寸校验
介质分配	由一台主设备完成		由一台主设备完成
主设备权传送	主设备、强主设备或弱主设备		总线管理器通过令牌传送成为主设备
主设备冗余	初运行后,主设备权传递给另一节点		令牌传送自动进行主设备权转换冗余校验
Link_Layer(链路层)服务	过程数据 消息数据 监督数据	循环 偶发 循环/偶发	源寻址广播数据 点对点过广播数据 用于总线管理的数据

2. MVB 总线

MVB 是将位于同一车辆或不同车辆中的标准设备连接到列车通信网络的车辆总线。它提供了两种连接:一是可编程设备之间的互联,二是将这些设备与它们的传感器和执行机构互联。MVB 能寻址至 4095 个设备,其中可有 256 个是能参与信息通信的站。

MVB 也能用作正常运行中不分开的列车总线。MVB 传送三种类型的数据。

1)过程数据:源寻址数据的周期性广播,最快的周期为 1ms。

2)消息数据:根据需要,目标寻址的单播或广播。

3)监视数据:传输事件分解、主设备权传送、设备状态等数据。

MVB 可采用三种不同的物理介质,它们都在相同速度下工作。

1)20m 以内采用电气短距离介质(ESD),允许使用标准的 RS-485 收发器,每段最多可支持 32 个设备。

2)200m 以内采用电气中距离介质(EMD),每段最多支持 32 个设备,采用双绞屏蔽线和变压器做电气隔离,允许使用标准的 IEC1158-2 变压器和收发器。

3)2000m 以内采用的光纤介质(OGF),采用点对点或星耦连接。

一个 MVB 结构应该包括一个或多个总线段,总线段可由上述的三种介质构成。各总线段必须经由耦合器相互连接:采用连接不同介质的中继器或将光纤汇入总线的星形耦合器。

总线访问每个设备由专用的总线控制器控制。总线控制器通过发送器和接收器连接到两个冗余的线路上。MVB 总线控制器包含编码器和译码器,以及控制通信存储器的逻辑。总线控制器对到达的帧译码并寻址相应的通信存储器。总线控制器也能访问报告设备状况的设备状态寄存器。

MVB 设备分为五类：

0 类设备不参与通信。中继器和星形耦合器属于这一类。

1 类设备连接简单的传感器或执行机构，例如现场设备。其不可远程组态，没有应用处理器，它们的工作完全由其总线控制器支配，不参与消息通信。

2 类设备是配有应用处理器的智能输入和输出设备，其可组态，具有预处理信息的功能，但处理器的程序是固定的，它们可以位于现场设备或插件箱中，并参与消息通信。

3 类设备是完整的站，如带有与应用相关程序的可编程逻辑控制器（PLC）。3 类设备含有大量的端口，典型的是 256 个。

4 类设备有与 2 类、3 类设备具有相同的结构，但提供更多的服务，其拥有大量的端口，甚至能预定所有的总线通信（参与总线的管理与控制）。4 类设备的例子有：

1）控制总线的总线管理器。
2）用于网络管理的经营者（开发、调试工具）。
3）连接列车总线和车辆总线的网关。

3. WTB 总线

绞线式列车总线（WTB）的初衷是为互联车辆设计的串行数据通信总线，不排斥用于其他场合。这些互联车辆在每天作业中需要连挂和解编。WTB 能够满足 UIC 的要求，定义了由最多 22 个客车组成的 UIC 列车的通信要求。

WTB 采用总线拓扑，可互联最多 32 个节点，长度最长至 860m。更长的距离和更多的节点（最多 62 个）也可以实现。WTB 介质是由不同车辆上的电缆连接而成。节点可以直接或是通过扩展电缆连到主干电缆上，因为电缆没有抽头，所以它没有残段（无端接电缆节）。因而扩展电缆的长度不受信号反射的限制。

正常运行时，每个节点插入主干电缆，并连接两个总线节。

1）位于总线中间的节点或中间节点，连接两个与它连接的总线段，中间节点自己有被断开的端接器。

2）位于总线两端的节点，或端节点，它不连接两个电缆段：它有一端是朝向列车中间，另一段是朝向敞开的端部。端节点电气上用与它连接端接器来终止两个总线段以减少反射（端接器的电阻器与电缆的特征阻抗相匹配）。

车辆网络应用程序能够指定一个节点为总线主，这个节点就是车辆网络的强节点。WTB 在一给定时间内只由一个单一的总线主控制。在总线主控制下，WTB 周期性地广播牵引和列车控制使用的过程数据；它也按需发送比较长但不紧迫的消息数据，如旅客信息、诊断和维护信息。

在组成发生改变或节点出现故障时总线主权可以转移。当列车组成发生改变时，例如车辆连挂，WTB 自动重新组态，给各节点指定地址和取向、分发新的拓扑。为此，总线主指示中间位置上的节点连接电缆节，命令末端的端节点插入端接器，这个过程称作初运行，也就是给每个节点指出它的位置地址和它相对于总线主的取向，于是所有节点认可相同的方向为向前，与运行方向无关。

WTB 介质为规定型号的屏蔽双绞线，为连接各个车辆，它需有较高的机械稳定性。所规定的电缆允许传输速度 1.0Mbit/s，长 860m，这相当于 UIC 标准的 22 个车辆组成的列车，每个车辆长 26m，再考虑到弯曲增加 50%。这种电缆最多可挂 32 个节点，因为每个车辆中可有一个以上的节点。

为连接不同的车辆，WTB 可以使用密接式车钩的接点，也可用收订插拔电缆。由于车辆的取向不可预订，电气布线通常在车辆的两个端部断开，通过两个连接器再连通。WTB 电缆线的两个跨接电缆都应该插好，每一个连接不同的 WTB 线，这样自然成为冗余布线。

三、列车网络控制系统组成

城市轨道交通车辆控制系统通常采用分布式总线控制系统，是一套总线网络控制的车载计算机系统，划分为两级：列车控制级、车辆控制级。列车控制级总线和车辆控制级总线均采用 MVB 多功能车辆总线或 WTB 绞接式列车总线，系统中各子系统之间的通信和数据传输主要通过 MVB 总线完成，具有对列车进行通信、监测、控制和储存等功能。中继模块 REPs 将列车级总线和车辆级总线连接，实现列车级和车辆级总线的数据转发功能。车辆控制模块 EGWM 通过 MVB 与人机界面 HMI 和数据记录仪连接，维护人员可以在车上通过它进行检查、记录及分析软件信号。系统的通信线路和关键设备均具有冗余结构，如果系统中的任何一个元件发生故障，在整体上不会影响车辆的运行能力。与车辆运行安全有关的重要指令，如门控指令和紧急制动，均使用硬线控制。

1. **系统构成**

列车网络控制系统由车载硬件、操作系统、控制软件、便携式维护工具组成，主要功能包括通信管理、数据采集、信息显示、控制、故障诊断及故障记录。

2. **组成设备**

列车网络控制系统包括控制模块 EGWM、数据记录仪 EDRM、中继器 REPs、远程输入/输出模块 RIOM［数字输入/输出模块（DXMe）、数字输入模块（DIMe）、模拟输入/输出模块（AXMe）］、人机接口单元 HMI、以太网交换机 ECNN/EACN 和维护及调试设备（PTU）。

3. **关联关系**

列车控制和管理系统作为整车控制系统，通过信号采集模块采集司机的操作指令、列车各个工况下的状态等信号，经过运算及逻辑处理，给出操作列车各部件的控制指令，通过 MVB 总线实现与牵引控制系统、空气制动控制系统、辅助供电系统、车门控制系统、广播和视频监控系统及火灾报警系统等部件的数据交换，如图 5-16 所示。

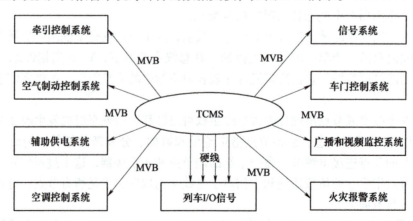

图 5-16 车辆控制系统关联关系图

4. **拓扑结构**

国内常见城市轨道交通车辆 TCMS 采用分布式控制技术，划分为两级：列车控制级、车辆控制级。列车控制级总线和车辆控制级总线均采用中距离介质的 MVB 多功能车辆总线。中继模块 REPs 作为列车级总线和车辆级总线的网关，实现列车级总线到车辆级总线的数据转发功能。其拓扑关系如图 5-17 所示。

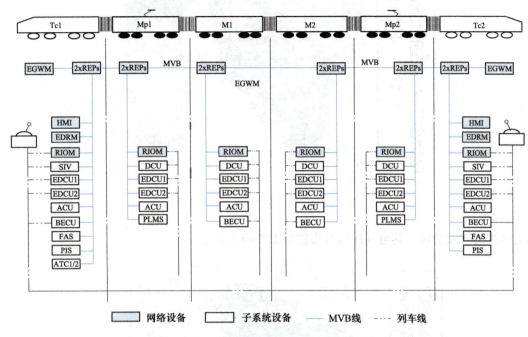

图 5-17 列车控制系统拓扑关系图

5. 冗余方式

为了提高故障情况下列车的可用性，网络控制系统采取了多种措施避免故障情况下的列车停运。主要有：

1）列车总线、车辆总线均采用双通道冗余。
2）EGWM 热备份冗余，自动主权转移。
3）列车硬线作为网络控制系统的备份。

6. 系统功能

列车网络控制系统可以实现以下控制功能：①司机室激活控制；②方向控制；③空电联合制动控制；④保持制动控制；⑤牵引连锁控制；⑥空调启动控制；⑦辅助供电控制；⑧空压机控制及压力保护；⑨限速管理；⑩受电弓升降指示灯控制及高速断路器开闭指示灯控制；⑪蜂鸣器控制；⑫PIS 相关功能；⑬火灾报警监视；⑭对车门功能监视；⑮紧急牵引控制；⑯列车操作模式管理。

四、列车网络控制系统接口

1. AXMe 模块

每列车有 2 个 AXMe，分别安装在 Tc 车司机室电气柜中，用于接收和处理司控器信号。AXMe 实现模拟量信号的采集输入和控制输出，通过 MVB 总线与 EGWM 通信。其电气接口与实物如图 5-18 所示。

2. REPs 模块

每列车装有 12 个 REPs，分别安装于 Tc 车的司机室电气柜内，Mp 车和 M 车电气柜内，

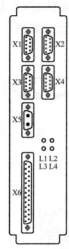 

图 5-18　AXMe 模块电气接口与实物

具有数据的转发功能，其电气接口与实物如图 5-19 所示。

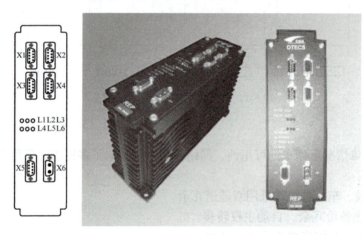

图 5-19　REPs 模块电气接口与实物

3. DIMe 模块

每列车有 4 个 DIMe 模块，安装于 Tc 车的司机室电气柜内，具有输入信号采集和设备地址输入功能。其电气接口与实物如图 5-20 所示。

4. DXMe 模块

每列车装有 12 个 DXMe 模块，分别安装于 Tc 车司机室电气柜中（3 个）、Mp 车（2 个）和 M 车（1 个）的电气柜中，具有输入信号采集、控制信号输出和设备地址输入的功能。其电气接口与实物如图 5-21 所示。

5. EDRM 模块

每列车装有 2 个 EDRM 模块，分别安装于 Tc 车的司机室电气柜内，具有数据记录和数据转储功能。Tc1 车和 Tc2 车的事件记录仪同时记录整车信息，两者记录信息完全一致，不分主从。其电气接口与实物如图 5-22 所示。

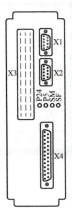

图 5-20　DIMe 模块电气接口与实物

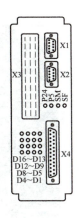

图 5-21　DXMe 模块电气接口与实物

6. HMI 模块

每列车装有 2 个人机界面 HMI 模块，分别安装在 Tc 车司机台上，HMI 模块通过多功能车辆总线与其他设备通信。

HMI 模块是 TCMS 的显示终端设备，是司机和维护人员操作列车的窗口。其电气接口与实物如图 5-23 所示。

7. EGWM 模块

每列车装有 2 个车辆控制 EGWM 模块，分别安装于 Tc 车司机室电气柜内，EGWM 通过多功能车辆级总线 MVB（EMD）与其他设备通信，通过列车级总线 MVB 与其他动力单元进行通信车辆级过程控制，通信管理，显示控制，故障诊断。其电气接口与实物如图 5-24 所示。

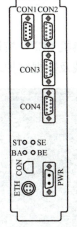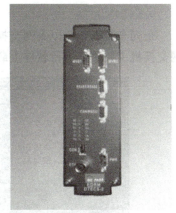

图 5-22　EDRM 模块电气接口与实物

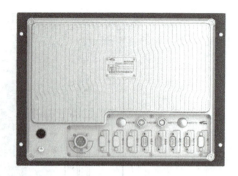

图 5-23　HMI 模块电气接口与实物

8. EACN 模块

每列车装有 4 个以太网交换机 EACN 模块,分别安装于 Mp 车和 M 车电气柜内,以太网交换机主要用来进行软件上载及数据维护。其实物如图 5-25 所示。

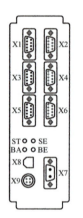

图 5-24　EGWM 模块电气接口与实物　　　　图 5-25　EACN 模块实物

9. ECNN 模块

每列车装有 2 个以太网交换机 ECNN 模块,分别安装于 Tc 车司机室综合屏柜内,以太网交换机主要用来进行软件上载及数据维护。其实物如图 5-26 所示。

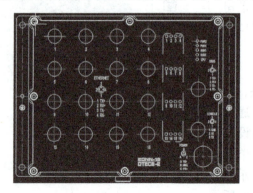

图 5-26　ECNN 模块实物

五、牵引制动控制单元

1. 牵引控制单元（DCU）

牵引控制单元 DCU 通过接收司机指令，将司机指令转化为地铁列车的运行工况。DCU 具有车辆级控制和逆变器级控制的功能。车辆级的控制功能是根据司机指令完成对地铁列车牵引/制动特性控制和逻辑控制，实现对主电路中接触器的通断控制和牵引逆变器的起/停控制，计算列车所需的牵引/电制动力等。逆变器控制级的核心任务是完成对 IGBT 逆变器及交流异步牵引电机的实时控制、黏着利用控制，同时具备完整的故障保护功能、模块级的故障自诊断功能、故障记录和一定程度的故障自排除功能。

牵引控制单元（DCU）具有符合列车通信网络（TCN）IEC61375 标准的 MVB 通信接口，对外与车辆总线相连，与中央控制单元等形成控制与通信。DCU 内部则构成并行总线。同时，当列车控制与诊断系统出现故障时，可用硬线实现紧急牵引功能。DCU 系统控制原理如图 5-27 所示。

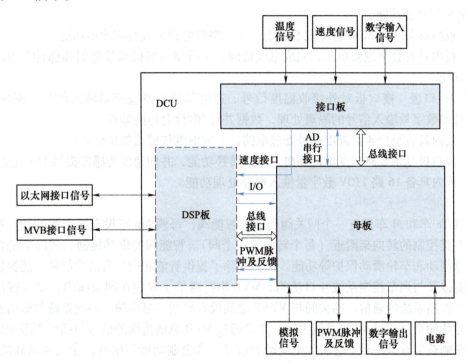

图 5-27 DCU 系统控制原理图

2. DCU 单元组件

（1）主控（DSP）板　DSP 板对外通过 MVB、以太网通信方式与上位机通信；对内与母板通过并行总线方式进行数据交换，PWM 脉冲及反馈、故障和跳主断命令通过 IO 方式传输；速度信号通过 IO 方式由母板传给 DSP。

其具备的功能有

1）实时采集外部模拟数字信号进行分析和计算，发出逆变控制 PWM 脉冲功能，实现电机的高动态响应。

2）传感器模拟信号经过模数转换后，数值采样功能、IGBT 故障硬件保护功能可实现软件修改门槛值,故障时快速封锁PWM脉冲,发出跳闸命令。

3)板内具备完备的电源监视和复位功能,可接收外部复位信号复位处理器。

4)具有2路MVB、1路RS-485和2路以太网通信接口,并按照标准的通信协议与外部设计通信。

5)能够处理8路速度脉冲信号,具有信号滤波、断线检测及速度计算等功能。

6)具有通过以太网监视实时数据,下载应用程序、故障波形和故障日志的功能。

(2)母板 母板对外接收传感器模拟信号、电源及IGBT管故障反馈信号,发送PWM脉冲及数字量指令,完成模拟量AD采样,PWM脉冲及反馈信号电平转换,供电电源滤波,数据的并行上传。母板与DSP、接口板通过并行总线方式进行数据交换,状态信息通过IO通道进行传输。

其具备的功能有

1)模拟信号均是共地信号,可以是±250mA的电流信号也可以是±10V的电压信号。

2)母板具备将16路PWM脉冲的24V电平信号和16路故障反馈的24V电平信号转换为5V电平信号的功能。

3)板内具备8路MOS管方式数字输出和4路继电器方式数字输出功能。

4)板内具有数字逻辑单元,完成总线访问、串行接口解码及故障封锁脉冲并发出跳闸指令等功能。

(3)接口板 接口板对外接收温度信号、速度信号以及数字量输入信号,完成温度、速度信号和数字量输入信号的隔离处理,数据并行/串行上传给母板。

1)板内具有至少4路温度信号处理电路,并向温度传感器提供恒流源。

2)接口板具备8路速度脉冲隔离、电平转换功能,并向速度传感器提供15V电源。

3)板内具备16路110V数字量输入电路处理功能。

3. 制动控制单元(BCU)

每辆Tc车和M车设有一个网关阀和一个智能阀,每辆Mp车设有两个智能阀。每个阀都安装在其控制的转向架附近(每个转向架一个阀)。智能阀提供其控制的转向架的常用制动、紧急制动和车轮滑动保护等功能。网关阀除了提供智能阀所具有的功能外,还提供制动管理功能以及与列车控制系统接口功能。MVB串行通信卡安装在网关阀内,以实现制动系统与列车控制系统的通信。网关阀与VVVF之间没有硬线信号传输,制动系统与牵引系统之间的信号传输全部通过MVB总线进行,二者通过MVB总线传输的信号包括但不限于以下信号:①车辆载荷重量信号;②实际电制动力信号;③电制动滑行信号;④电制动衰减信号;⑤电制动切除信号;⑥保持制动缓解信号。

每个列车单元(两动一拖)内的6个阀通过CAN总线串接在一起,组成一个制动系统内部的CAN网络单元。为了提供冗余的备份,CAN网络单元中两个网关阀的功能相同且I/O接口配置一致。在系统上电之初进行的一系列网络配置的过程中,3辆车组成的CAN总线单元中的一个网关阀将成为主网关阀(先得电的),另一个网关阀为辅网关阀。主辅网关阀同时对列车指令进行处理,对制动力进行计算,同时对制动系统的状态进行监视、反馈,只是辅网关阀不发送控制指令,辅网关阀作为主网关阀的"热备份",随时监测主网关阀的状态。当主网关阀故障时,辅网关阀将在1.5s内自动接替主网关阀以确保CAN总线单元内空气制动力的分配不间断。在主辅网关阀的转换过程中,列车发送的牵引、制动指令状态不会因此改变。在总线网络中的主辅网关阀都将通过列车总线接收电制动力的反馈数据。为了确定 CAN 总线单元内每个阀的位置与其所在车的关系，在每个阀的管路支架上都安装了一个专门的编码插头，因此相同类型的阀可以安装在车辆中的不同位置。

4. 辅助控制单元

辅助控制单元与总风缸和制动风缸集成在一个模块上，每辆车配置一个，负责本车的制动供风、停放制动供风和空簧供风控制。其控制原理如图 5-28 所示。

压缩空气从主风管流入辅助控制单元（B30）的端口 1。空气流经截断塞门（B30.B02）、过滤器（B30.B03）之后分为三路分别向制动控制装置、停放制动缸和空簧供风。

制动控制管路经单向阀（B30.B04）之后分为两路，1 路到达连接制动风缸的端口 4；另一路经带电触点截断塞门 B05 流向制动控制装置 EP2002，通过 B05 可以截断整车的空气制动。制动风缸通过一个单向阀（B30.B04）来进行保护，从而不受主风缸内空气压力低的影响。

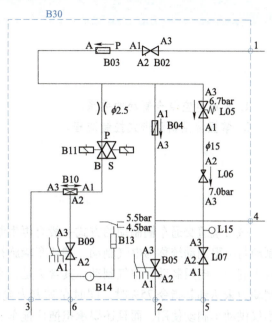

图 5-28 辅助控制单元控制原理

停放制动管路中，双稳态电磁阀（B30.B11）用于停放制动控制，B30.B10 为双向止回阀，具有停放制动叠加功能；带电触点塞门（B30.B09）用于隔离停放制动的压缩空气。压力开关（B30.B13）用于监控停放制动状态。

空簧管路中设置的溢流阀（B30.L05）优先保证制动用风，只有在主风压力超过 670kPa 时，向空气弹簧供风的通路打开；减压阀（B30.L06）保证给空簧供风的最高风源不超过 700kPa；塞门（B30.L07）用于维修。

塞门（B30.B02）可在维护时用于切除制动系统、空簧供风及停放制动的风源。

任务三　牵引与制动系统控制模式认知

1. 理解电空复合制动的关系。
2. 掌握常见制动形式控制流程。

一、电气、空气制动复合关系

城市轨道交通车辆制动的方式一般有再生制动、电阻制动和空气制动三种，其中，再生制动与电阻制动统称为电气制动。城轨车辆施行制动时第一、第二和第三优先级制动分别是再生制动、电阻制动、空气制动。其含义是：充分利用电气制动、尽量减少空气制动，即在制动力未达到其指令75%时，同时在黏着力允许的条件下用足电气制动，也就说电气制动不仅供动车制动使用，而且还要承担拖住拖车的任务。当两节动车的动力制动能满足一组车的制动要求时，则这一组车就不再使用空气制动，反之，则要使用空气制动来补足电气制动的不足。随着列车速度的降低，其动力制动也将不断地减弱。当列车速度降低至一定的速度时，电气制动已不能再满足制动所需要的要求，这时电气制动将逐步被切除，所有制动力由空气制动承担。

1. 空气制动

每个动车的电气制动为主制动且优先于空气制动使用，由于它工作时不存在制动闸片或制动盘的磨损，因此对于运用部门来说更经济。电气制动力对于特定的速度和负载条件可以满足列车单元（M+Tc）在没有空气制动系统支持的条件下减速。如果信号（电气制动状态）处于激活状态，电气制动即正常工作。一旦电气制动失效，空气制动将在动车和拖车的整个速度范围工作。

2. 电空复合制动

一旦电气制动不能提供司机主控制器所要求的制动力，不能提供的部分制动力将由空气制动补充。这个特点被称为电空复合制动。

电空复合制动工作流程

在一般常用制动模式中，每个动车的电气制动都能使自己的动车和拖车减速到特定的速度和负载条件相对应的制动参考值。如果相对应参考值和负载的制动力设定值超过最大可用的电气制动力，剩余的制动力最先由相应的拖车的空气制动补充，其余的由动车的空气制动补充。

电气制动可获得的制动力由信号"实际动力制动力"表示，该信号由TCU输出，然后反馈回车辆控制系统。

"动力制动力"信号由VVVF输出，以表明动力制动是否正确工作。

动车车辆控制系统接收"实际动力制动力"并依靠所需制动力和可用的动力制动力来计算需补充的空气制动力，同时根据制动需求以让动车和拖车减速。

拖车的车辆控制系统施加由空气制动产生相应的制动力。该值（在动车的 ECU 内）被限制到最大可容许的拖车制动力（由负载控制）。如果电气制动需补充的制动力比拖车最大所容许制动力更高，将由动车内的车辆控制系统控制动车空气制动系统施加。

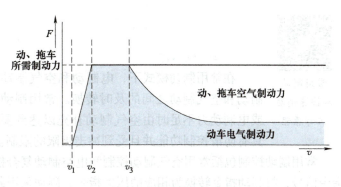

图 5-29 电空复合制动配合曲线

动车的电气制动的最大可用力是由速度决定的。在特定速度 v_3 时，如图 5-29 所示，电气制动力减少。

图中产生三个运用范围

（1）速度大于 v_2 小于 v_3　电气制动能使动车和拖车根据制动需求设定值减速。这意味着在动车内仅电气制动工作；在拖车内，空气制动不参加制动工作。

（2）速度大于 v_3　电气制动不能满足制动需求，为了配合车辆制动需求，动车和拖车的空气制动必须被平缓施加。

（3）速度小于 v_2　速度处于保持制动，是电气制动对电空复合制动给予控制的速度阶段。

3. 保持制动

在车辆减速过程中，因为速度不断下降，电气制动力也随之减少。保持制动位由电气制动信号发出电气制动力降低而产生；该信号在车速达到 10km/h 速度时由 VVVF 输出。然后电气制动力逐渐降低，空气制动同时进行补充，其大小与制动需求力保持同等级别，所以两个制动力联合提供了一个恒定的制动力。

当车辆接近静止时（$v \leqslant 2 \sim 3$km/h），制动力大小被激活了的保持制动信号设定为停止制动位对应的制动力大小值，而与制动器手柄位置无关。该过程如图 5-30 所示。

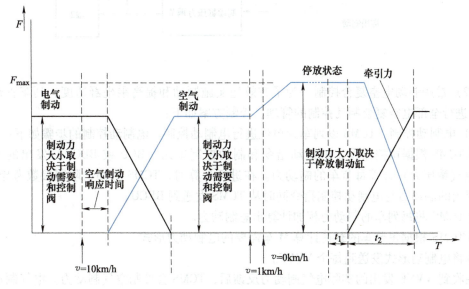

图 5-30 保持制动动作曲线

二、制动控制流程

1. 常用制动控制

常用制动和快速制动工作原理

在常用制动模式下，电制动和空气制动一般都处于激活模式，以便电气制动和空气制动之间的及时转换。常用制动优先采用电制动，当电制动故障或电制动力不足时由空气制动补充以达到要求的常用制动减速度。常用制动具有防滑控制功能并且受到冲击极限的限制。

常用制动控制包括常用空气制动控制和电空制动复合控制功能。制动控制系统接收制动指令信号，将制动指令转换为相应的压力指令。制动采用载荷重量补偿的方式。对每个转向架上的空气弹簧压力进行测量。对每辆车上两个转向架的空气弹簧压力输入进行平均，然后用来计算车辆重量。

（1）常用制动空气制动控制　常用制动施加时，制动缸压力通过一系调节装置的压力调节功能来实现。在正常的常用制动过程中，在没有防滑控制时，制动缸压力调节器产生常用制动制动缸压力。

在常用制动过程中如果防滑控制产生作用，制动缸压力调节器通过一系调节装置将单轴的制动缸压力控制在足够的水平上。

常用制动控制原理如图 5-31 所示。

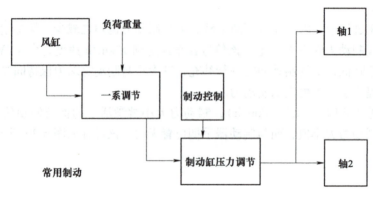

图 5-31　常用制动控制原理

（2）常用制动电空复合控制　为了有效地实施制动和提高乘坐舒适度，列车管理系统 TCMS 进行全部电空复合制动控制的管理。控制方案如下：

1）电制动控制。TCMS 以列车为单位进行电制动控制。电制动控制的步骤如下：

①TCMS 根据司控器发出的制动指令和制动控制单元（BCU 或 BECU）发出的车辆载荷（空气簧压力）计算每节车的制动力。在进行计算时，TCMS 将冲动限制参数考虑在内。计算得出的制动力与电制动控制指令同时从 TCMS 发送到 BECU。

②TCMS 将每列车的制动力相加计算出总制动力。

③TCMS 根据每节车的载荷计算 M 车需要的电制动力形式。

④将电制动形式发送到每个 VVVF。

在收到 VVVF 发出的实际电气制动力反馈后，TCMS 会控制空气制动力。电气制动的数据流在图 5-32 中列出。

2）空气制动控制。在收到 VVVF 发出的实际电制动力反馈后，TCMS 会以列车为单位

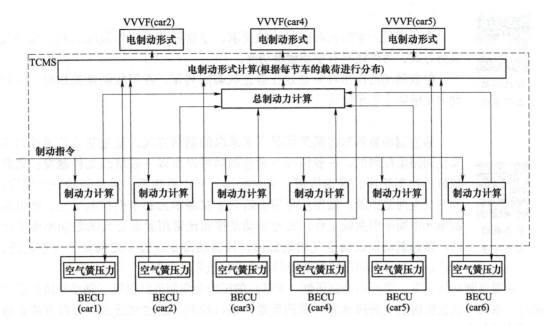

图 5-32 电气制动控制数据流

控制空气制动力。空气制动控制程序如下：

①TCMS 接收来自 VVVF 的实际电制动力反馈。

②TCMS 计算总的电制动力。

③TCMS 将总电制动力和每个 VVVF 的电制动力传输给每个 BECU。

④TCMS 将总制动力传输给每个 BECU。

⑤BECU 计算每个制动缸的空气制动力以便进行整列车的空气制动管理。

空气制动的数据流在图 5-33 中列出。

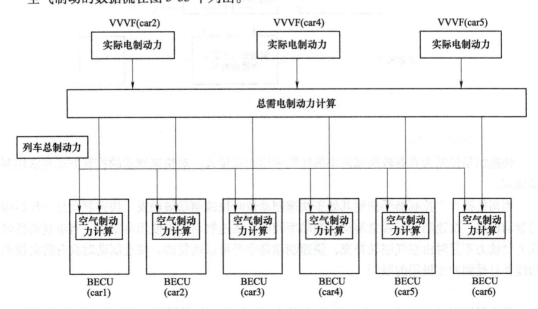

图 5-33 空气制动控制的数据流

2. 停放制动控制

停放制动
工作原理

为了满足列车较长时间停放的要求,停放制动采用弹簧施加充压缩空气缓解方式,另外还具有手动缓解功能。

停放制动的作用对象是处在静止状态的列车,在停放制动施加时,此制动力足够防止列车滑动。

3. 紧急制动控制

紧急制动
工作原理

紧急制动是列车在紧急情况下而采取的制动方式,紧急制动是通过列车安全回路来控制的,一般情况下紧急制动可以由以下系统或元件触发:紧急按钮、列车超速、警惕按钮、车钩断钩、ATP 系统等。紧急制动一经触发,列车安全回路中断,触发信号传输给列车控制单元和牵引控制单元,牵引控制单元中断牵引系统工作。紧急制动是按照比常用制动更高的制动率而设计的。紧急制动仅仅由空气制动提供,且制动命令在停车之前是不可恢复的,紧急制动时具有防滑控制功能但不受冲击极限的限制。

在紧急制动状态下,来自制动副风缸(BSR)的压力会向制动缸供风。制动副风缸压力通过一系调节装置根据空气簧的压力(载荷重量)加以控制,经过制动缸压力调节装置施加到基础制动上。

在启动防滑保护功能时,制动缸压力调节器控制一系调节装置调整后的紧急制动缸压力。其控制流程如图 5-34 所示。

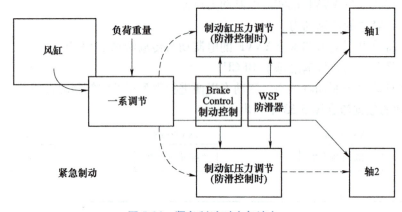

图 5-34　紧急制动时空气流向

4. 快速制动控制

快速制动控制为具有较高减速率的特殊常用制动模式。对快速制动的控制方式与常用制动相同。

当司机操作主控制器手柄使其处于快速制动位时快速制动被触发。快速制动是一种特殊的制动模式,快速制动与紧急制动的制动率相同。快速制动优先使用电制动,当电制动故障或电制动力不足时由空气制动补充,快速制动命令是可以恢复的,快速制动时具有防滑控制功能并且受到冲击极限的限制。

5. 保压制动

激活保压制动的条件:当地铁列车施加制动后,检测到列车停车(列车速度约为 0.5km/h,可以根据不同的项目进行调整)后,激活保压制动,以防止列车溜动,保压制动力的大小将保证上限载荷的列车停在最大坡度线路上而不会产生溜动。

缓解保压制动的条件：

1）司机将主控制器手柄打在牵引位，每个牵引系统将牵引力的实际值发送给列车主车辆控制单元（VCU）。

2）主 VCU 计算列车牵引力实际值的总和。

3）牵引力实际值的总和足以起动列车（不会引起列车后溜）。

4）主 VCU 发出"缓解保压制动"信号。

空气制动的状态信号将反馈给 VCU，VCU 通过该信号确认制动是否缓解，如果空气制动在某一时间段内没有完全缓解，则主 VCU 将向各牵引系统发出中断牵引的指令，并再次施加保压制动。

三、防滑控制原理

1. 防滑系统概述

当制动系统给轮轴上的制动盘加上制动力时，摩擦力迅速增加，轮缘速度迅速减小，车速亦会减小。一旦制动力过大轮子就会被逐渐锁死，即抱死，从而轮缘速度与车速将出现速度差，就会产生"蠕滑"，速度差的绝对值与列车速度的比值称为蠕滑率。如果制动太快，轮子被锁死或抱死，此时蠕滑就会变为滑行。滑动摩擦下的制动力会比正常黏着行车时减小到原来的 1/4，不但急剧减小了制动力又增加了制动距离，不利于停车。除此之外车轮高速滑行会导致轮对的踏面和轨面相互摩擦，滑行距离越长，摩擦深度越大，可能造成车轮不易恢复转动的严重后果。同时，不仅降低乘车的舒适性，也会给转向架零部件带来附加的冲击力，使其寿命缩短。

同样的道理，当牵引系统给轮轴施加牵引力时，轮轨间相互作用力迅速增加，车轮具有相对钢轨产生滑动的趋势。一旦相对作用力大于轮轨间黏着摩擦力，车轮将相对钢轨产生活动，甚至发生剧烈滑动形成车轮空转。这将导致电机牵引力无法作用于驱动车辆，电机转速瞬时升高，钢轨、车轮被划伤等危害。所以，城市轨道交通列车对制动和牵引过程中可能出现的滑行和空转必须进行有效的控制。

城市轨道交通车辆所有制动模式均有防滑控制。转向架每个轴均设有防滑控制装置。

仅当空气制动车轮防滑系统开始介入防滑工作时，电子控制单元（ECU）参与防滑所需的制动信息需求和防滑行动才是有效的。动力制动和空气制动的车轮防滑保护系统相互独立工作。在这个条件下，ECU 需要动力制动是否起作用的信息。通常控制动力制动的参数比控制空气制动的参数更灵敏。那么当动力制动车轮防滑修正动作时，空气制动的车轮防滑系统还没有反应。一旦动力制动的车轮防滑保护系统没有减少车轮滑行状态，那么空气制动系统的车轮防滑修正系统也将开始工作。

一旦出现滑行，动力制动防滑系统将根据自己的速度传感器进行动作。因此动力制动防滑不需要电空防滑的任何信息。牵引控制单元 TCU 发送给 ECU 防滑器没有动作时的动力制动的实际值。这将确保 ECU 没有增加空气制动力来补偿损失的制动力。如果没有修正车轮防滑，ECU 将发送一个二进制信号，表示对相应的牵引控制单元切除动力制动。动力制动力将降到 0，并保持 0 一直到该信号被激活。

如果列车静止或改变到驾驶，该信号"动力制动切除"将被重新设置。这将允许动力制动和动力制动防滑重新被激活。

2. 防滑控制设备主要组成及原理

防滑控制
工作流程

电气制动车轮防滑保护系统和空气制动车轮防滑保护系统，均包含有速度传感器和齿轮组成的测速装置和车轮防滑保护（WSP）控制模块。每个车轴都单独设置有防滑控制设备，如图5-35所示。

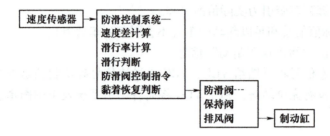

图 5-35 防滑控制设备系统组成

制动实验表明，所有列车的最大制动力都在一个很小的速度范围内出现，蠕滑率达到 2%~3% 时制动力达到最大的。如果车速是 100km/h，为了达到最大的制动力，轮缘速度必须是 98km/h。WSP 采取每轴控制原理：通过解读分别来自每个车轴的速度信号和制动力，以制动力最大时的轮缘速度为控制防滑的临界速度，相应起动或者缓解制动系统，提供最佳的制动黏着系数，保持最大的制动力。电气再生制动系统解读惯性数据，并实现每个车轮防滑的优化。空气制动系统解读每个制动缸内的压力，防滑控制模块记住第一次出现滑行时的制动风缸内的压缩空气压力值，并立刻向车辆制动控制单元（BCU）给出一个低于该值的新的气缸压力值，当轮子重新获得旋转速度时，只要还能进行稳定制动就继续向 BCU 发指令，增大气缸压力值，反之亦然，实现瞬间的压力优化。这样，既可以保持尽可能大的制动力，又可以达到控制列车滑行的目的。电气再生制动车轮防滑保护系统和空气制动车轮防滑保护系统之间的联锁和分离通过列车管理系统（TCMS）实现。当发现电气再生制动系统使用率较低时，将关闭电气再生制动车轮防滑保护系统。车轮的防滑控制保护则完全通过空气制动车轮防滑保护系统完成。

3. 空气防滑控制系统（WSP）的功能

（1）车辆滑动控制 防滑系统持续接收每个被制动的车轴的速度，计算一个参考速度作为一个真实车辆速度的代替值，且根据车辆速度、滑行状态、减速度，通过控制防滑阀来控制制动力的大小，车轮的速度和减速度被测量并与特定的标准对比。滑行标准 $v_1 \cdots v_4$ 与参考速度存在特定的关系。它们提供滑行范围，在此范围内车轮速度可以不同。减速度标准 $a_1 \cdots a_4$ 是被选定的常数。$[v_1 \cdots v_4]$ 和 $[a_1 \cdots a_4]$ 形成一个二元的判断矩阵。排风阀命令类型被 $[v]$ 和 $[a]$ 联合决定。

防滑阀设计的基础功能有增加压力、减少压力等。压力增加和减少被一个脉冲操作控制，其过程是缓慢的。

WSP 控制滑行原理如下：车轮速度 v_{rad} 低于参考速度 v_{ref}。车轮减速度超过一个最初的极限 a_1。在这个瞬间，已发生的滑行参数通过判断矩阵形成必要的制动缓解指令以控制防滑阀。功能如下：①阶段式排风或缓慢排风等；②排风。

如果当制动力降低时车轮减速改变成为加速，执行命令将是制动缸充风压力达到设定值。

最短的脉动为 40ms，这允许一个接近连续的压力级别控制。每个特定条件需要执行的命令根据减速度降低的量和有关的滑行范围的带宽来选择。

（2）车轮直径自动补偿　WSP 具有一个车轮直径自动补偿功能。因此，车轮直径必须在新轮与磨耗轮的特定范围内。

车轮直径的绝对值的校正是没有必要的，相对值即可满足需要。这意味着在一个车辆控制单元中，速度是相等的。但是拖车车辆控制单元决定的速度与动车车辆控制单元决定的速度是有可能不同的，因为每个车辆控制单元用相对值计算。

（3）动力制动的切除　当车轮滑行被检测出时，为了充分控制车轴的状态，将产生一个"动力制动切除"信号。根据这个信号，动力制动系统被关闭。如果出现任何防滑阀动作超过 1s 时间的情况，该信号就被激活。如果所有的制动需求来源（硬线 PWM 和 TCMS PWM）均出现问题，为了避免出现过制动的情况该信号也会被激活。为了重设信号，逻辑需视当前的速度而定。如果列车速度快于 V_CUTOFF_ED（20km/h），防滑阀 5s 不动作，该信号将重设。如果列车速度低于 V_CUTOFF_ED，该信号将在列车静止时重设。

4. 防滑装置的种类

防滑装置的功能就是通过各车轴或牵引电机上安装的速度传感器，对速度进行检测，在滑行即将发生的短暂临界阶段将其检测出，并及时动作，使作用在车轮上的制动力迅速降低至黏着力以下，防止车轮滑行，恢复轮轨的黏着状态。在黏着恢复以后，还要根据不同的情况保持或继续增加制动力。防滑装置不仅可以有效控制轮对的滑行擦伤，还可以充分利用轮轨间的黏着。

防滑装置共经历了机械式防滑器、电子式防滑器和微机控制式防滑器三个技术发展阶段。各种防滑器的区别主要在于对滑行进行判断的部分。

（1）机械式防滑器　最早出现的防滑装置是机械式的，它判断是否要发生滑行的根据只有一种，即车轮的角减速度。机械式防滑器利用车轮的转动带动回转体，当某轮对的角减速度骤然降低时，利用回转体与车轮的转速差动作，打开阀门或接通电路，使该轮对缓解。机械式滑行检测器的工作原理如图 5-36 所示。机械式防滑器的灵敏度和响应速度都较差。

（2）电子式防滑器　防滑装置发展的第二阶段是电子式防滑器。它可以采用多种检测滑行的判据，具有较高的灵敏度

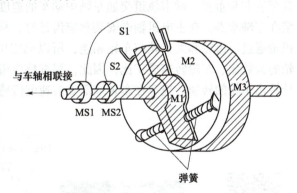

图 5-36　机械式防滑器

M1、M2、M3—回转体　S1—右回转侧开关
S2—左回转侧开关　MS1、MS2—集电环

和动作速度。缺点是电子元件的零点漂移不易清除，需进行大量调整工作，而且易受环境影响，性能不稳定，维修量较大。

（3）微机控制式防滑器　微机控制式防滑器由 KNORR 公司和德国国铁（DB）于 20 世纪 70 年代初首次研制成功，现已在世界各国的轨道交通车辆上广泛使用。微机控制式防滑器可对制动、即将滑行、缓解、再黏着的全过程进行动态监测与控制，信息采用脉冲处理，简单可靠、无零点漂移，故无须调节和补偿。更重要的是微处理器（MPU）的处理速度极快，可大大提高检测精度，即使微小而缓慢的滑行也能及早检测出来并采取措施加以防止。微机控制式防滑器还有一个突出的优点，即它可以利用软件随时提供有关信息，进行自我检

查、诊断和监督，必要时可对有关信息随时进行存储、调用和显示；它还能根据新的情况和要求很方便地改变控制判据而不必改动软件。

5. 微机控制式防滑器的结构和工作原理

（1）结构　微机控制式防滑器由速度传感器、滑行检测器及防滑电磁阀构成，其工作原理如图 5-37 所示。

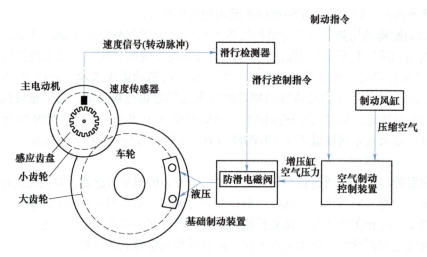

图 5-37　微机控制式防滑器的基本原理

（2）速度传感器　如图 5-38 所示，速度传感器的输出是防滑控制中速度计算的基础，其精度非常重要。城市轨道交通车辆中动车的速度传感器常安装在主电机的轴端，拖车则安装在车轴端部。在主电机轴端安装感应齿盘时，靠主电机轴的转动产生感应电压。因为主电机轴通过小齿轮和大齿轮与车轮相连，所以感应出的脉冲频率与感应齿盘的齿数、大/小齿轮的齿数比、车轮转速成正比；因此，根据感应齿盘的齿数、齿轮的齿数和车轮直径，就可计算出车轮的转速。拖车在车轴端部安装速度传感器时，工作原理与前者相同。

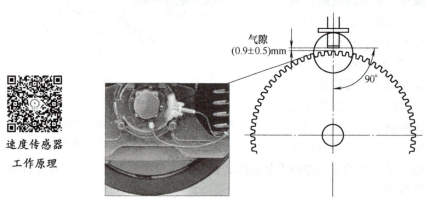

图 5-38　速度传感器

（3）滑行检测器　微机控制的数字式滑行检测器按一定的方法，对速度传感器传来的车轮转动脉冲信号进行计算分析和逻辑判断，当判断发生滑行时，就使防滑电磁阀动作，降低制动力使车轮恢复转动，并按照"缓解——保压——……——再制动"的模式精确地进行控制。现在的滑行检测器已开始采用 32 位微机，大大提高了运算速度。防滑装置的滑行检测器常集成于本车的制动控制单元 BCU 中。

防滑装置进行滑行检测时，由滑行检测器对速度传感器传来的脉冲频率信号进行计算，得出用于进行滑行检测的指标的值，并根据事先规定的控制逻辑比较判断，确定是否发生了滑行。滑行的检测指标只要有减速度、速度差和滑行率三种。

1）减速度检测。该方法是根据某车轮本身转动速度减少的比例来判断是否滑行。由于轮对与车辆的质量相差很大，其速度变化相对也快一些，因而可及时检测到滑行。一般来说，减速度指标可单独用来对滑行轴进行评价，在防滑控制中应优先使用。

2）速度差检测。速度差检测是以同一辆车内 4 个轴的速度，以及制动指令发出后以一定减速度减速的假想轴速度（也称第 5 轴速度）中速度最高的轴为基准，当某车轮的轮轴速度比基准轴的速度低于某一设定值 Δv 时，就判断车轮发生了滑行。

速度差指标的检测灵敏度比减速度指标要低，因此滑行检测要以减速度检测为主，速度差检测作为后备。另外，考虑到速度差指标在低速区检测灵敏度下降的问题，可在高速区采用速度差率指标（非滑行轴和滑行轴的速度差与非滑行轴速度的比值），低速区采用速度差指标来判断。

3）滑行率检测。滑行率检测方法是根据轮轨接触点的滑行率来判断轮对是否发生了滑行，滑行率的定义为

$$滑行率 = \frac{轮心速度 - 轮轨接触点相对于轮心的速度}{轮心速度} \times 100\%$$

由上式可以看出：轮对做理论上的纯滚动和完全滑行时的值分别为 0 和 100%，由于轮轨间实际上是处于一种黏着状态，轮对运行时的值应介于二者之间。

防滑装置在滑行检测时，以减速度检测方法为主，并和作为后备的速度差检测、滑行率检测方法一起使用。当根据任一检测标准判断发生滑行时，防滑电磁阀动作，使制动缸压强降低。在轮轨间黏着力的作用下，车轮转速上升，当三个指标都不满足滑行发生的条件时，滑行检测器就会据此判断已经恢复了黏着，防滑电磁阀动作，使制动缸压强保持不变或再次上升。

前述微机控制式防滑装置主要是针对空气制动的，电制动同样也存在滑行控制问题。由于城市轨道交通车辆是采用电空复合制动且电制动优先的制动模式，如动轴在电、空制动同时作用的情况下发生滑行，则首先降低该轴的空气制动力，力图使轮对恢复黏着；如空气制动力降为 0 时轮对扔打滑，就需对电制动进行滑行控制。电制动的防滑控制原理与空气制动的类似，但它是通过牵引控制单元 TCU 调节电制动力的大小实现的。

（4）防滑电磁阀　防滑电磁阀又称防滑压力控制阀和防滑阀，防滑阀内部含有两个电磁阀，通过其电磁线圈的得电与失电，其中一个叫保持阀电磁阀，控制通向制动缸的压缩空气的通和断，另一个叫排风电磁阀，控制已经充入制动缸的压缩空气向外排风的通与断。

当滑行发生时，防滑阀在滑行检测器的控制下产生排风、保压和充风等动作，使制动缸压强产生相应的变化，以有效控制滑行擦伤，并最大限度地利用轮轨间的黏着。

参 考 文 献

[1] 李飞,袁野,吴慧聪. 城市轨道交通车辆构造(汉英双语)[M]. 成都:西南交通大学出版社,2019.
[2] 华平,唐春林. 城市轨道交通车辆电气控制[M]. 北京:机械工业出版社,2015.
[3] 张磊. 电工与电子技术[M]. 北京:清华大学出版社,2020.
[4] 李益民,阳东. 城市轨道交通车辆制动系统维护与检修[M]. 北京:机械工业出版社,2012.
[5] 刘汝让. 磁轨制动及其作用原理[J]. 机车车辆工艺,2001(5):1-4.
[6] 张和平. 南京地铁1号线车辆主传动系统问题分析[J]. 现代城市轨道交通,2005(2):16-19.
[7] 高永军. 城市轨道交通车辆矢量控制技术[J]. 城市轨道交通研究,2005(4):27-30.
[8] 吴茂衫. 国内城轨车辆电传动系统主要问题分析[J]. 交流技术与电力牵引,2007(1):7-12.
[9] 连苏宁. 城市轨道交通车辆构造[M]. 北京:机械工业出版社,2011.
[10] 阳东,卢桂云. 城市轨道交通车辆检修[M]. 北京:机械工业出版社,2010.
[11] 庞宏恩. 车辆制动装置[M]. 北京:中国铁道出版社,2007.
[12] 徐丽秀,刘汝让. 德国高速列车的几种制动方式及特性[J]. 国外铁道车辆,2000(37):42-43.
[13] 倪文波,王雪梅. 高速列车网络与控制技术[M]. 成都:西南交通大学出版社,2008.
[14] 张亦农. 城市轨道交通车辆检修[M]. 北京:北京交通大学出版社,2019.

城市轨道交通列车牵引与制动系统实训工单

主　编　袁　野　杜连超
参　编　吕娜玺　李元元　张亦农　耿　言
　　　　黄金桥　张宇辰　张海强
主　审　陈　祺

机械工业出版社

目 录

实训 1　牵引系统设备日检作业 ……………………………………………………… 1
实训 2.1　受流器检修作业 …………………………………………………………… 6
实训 2.2　线路接触器检修作业 ……………………………………………………… 10
实训 2.3　牵引逆变器检修作业 ……………………………………………………… 15
实训 2.4　牵引电机检修作业 ………………………………………………………… 20
实训 3　制动系统设备日检作业 ……………………………………………………… 25
实训 4.1　空压机滤芯更换作业 ……………………………………………………… 29
实训 4.2　智能阀拆装作业 …………………………………………………………… 34
实训 4.3　盘式制动单元闸片更换作业 ……………………………………………… 38
实训 5.1　司机控制器调试作业 ……………………………………………………… 44
实训 5.2　制动自检作业 ……………………………………………………………… 49

实训 1　牵引系统设备日检作业

学院		专业	
姓名		学号	
小组成员		组长姓名	

一、接收工作任务　　成绩：

　　601 车已经入库准备进行日检作业，工班长组织班组全员熟悉该车的牵引系统设备日检作业计划与内容。按照日检作业计划，日检作业中包含牵引系统设备的作业内容有：车下设备检查、波纹管及电缆检查、接地装置检查、受电弓检查作业。工班长根据作业项目对班组人员进行分工，两人一组按照操作要点对以上牵引系统设备进行检查作业。

二、信息收集　　成绩：

1. 检修场地准备
1) 工作场地应一直保持_____。
2) 必须知道灭火器_____。
3) 车下设备检查前，列车停放在_____的股道上，并施加_____。
4) 受电弓检查前，列车停放在_____的股道上，并施加_____。

2. 检修设备或工具准备
1) 作业人员穿_____鞋。
2) 作业人员戴未被坏损的_____。

3. 材料准备
1) 检查时，携带_____进行照明。
2) 遇带锁设备柜内部检查时，使用_____开启柜门，检查完毕注意锁紧。

4. （多选题）日检作业中，需要检查的牵引系统设备有（　　）。
A. 牵引电动机　　B. 受电弓　　C. 车下设备　　D. 接地装置　　E. 波纹管及电缆

三、制订计划　　成绩：

1. 根据牵引系统日检作业要求，制订计划

序号	作业项目	操作要点
1	车下设备检查	车下高压箱、逆变器箱、制动电阻箱等箱体检查无遗漏
2	波纹管及电缆检查	线路无机械干涉，无磨损
3	接地装置检查	防松标记无错位、设备部件无缺损
4	受电弓检查	用手电筒探照确认结构无裂纹、缺损，升降弓动作正常，转动部位润滑良好，连接件无错位无脱落

计划审核	审核意见：
	年　　月　　日　签字：

2. 请根据作业计划，完成小组成员任务分工

操作人		记录员	
监护人		展示员	
作业注意事项			
① 作业前，挂好"禁止动车牌""红闪灯"，做好安全防护。 ② 劳保用品穿戴齐全，车下作业时注意安全。			
检测设备、工具、材料			
序号	名称	数量	清点
1	方孔钥匙	1 把	□已清点
2	LED 手电筒	1 只	□已清点

四、计划实施	成绩：

1）检查车下设备。

有无异常损伤	□有 □无
吊挂螺栓防松标记有无错位	□有 □无
箱盖是否锁闭紧固	□是 □否

2）检查波纹管及电缆。

有无异常损伤	□有 □无
有无机械干涉、磨损	□有 □无
连接是否紧固	□是 □否
有无线束缺失	□有 □无

3）检查接地装置。

有无异常损伤	□有 □无
螺栓防松标记有无错位	□有 □无
连接线缆有无断裂	□有 □无

4）检查受电弓外观。

外观有无异常、掉漆	□无　□轻微 □中度　□严重
外观有无裂纹、 破损等现象	□有　□无
防松标记有无错位	□有　□无
检查中发现错位 的防松标记	□对照扭力表重新复核扭力 □打防松标记

5）检查升降弓功能。

检查风压条件	_____ bar 以上
升弓有无冲击接触网的现象	□有　□无
降弓有无快降和慢降过程	□有　□无
升弓有无砸顶现象	□有　□无

6）检查受电弓转动部位的运转情况。

各转动部件结构 是否完好	□是　□否
各转动部件润滑是否正常	□是　□否

7）检查受电弓附属结构。

绝缘子固定螺栓 有无异常损伤	□有　□无
绝缘子表面清洁标准	
升弓钢丝绳有 无异常损伤	□有　□无
气囊外表面有 无异常损伤	□有　□无
气囊外表面有无变形、 歪斜情况	□有　□无

8）检查受电弓弓头。

铆钉有无脱落现象	□有 □无
羊角磨损痕迹	□无灼伤 □无异常损伤
目测碳棒边缘到羊角间隙	羊角与碳滑条平滑过渡流畅，且间隙不大于____mm
碳滑条外观检查标准	碳滑条无裂纹、缺块，不超过接触碳滑条宽度的____
碳滑条凹槽检查标准	50mm长度范围内深度差不大于____mm，凹槽深度不大于____mm

9）检查受电弓软连线及高压线。

目测软连线连接螺栓是否紧固	□是 □否
目测受电弓各个软连线有无断股	□有 □无
高压线的外观及紧固螺栓检查标准	

五、质量检查	成绩：

请实训指导教师检查本组作业结果，并针对实训过程出现的问题提出改进措施及建议。

序号	评价标准	评价结果
1	车下设备检查无遗漏	
2	波纹管及电缆检查确认无干涉、磨损	
3	接地装置检查无漏项	
4	受电弓检查无漏项，确保作业安全，测量碳滑条凹槽符合标准	
综合评价	☆ ☆ ☆ ☆ ☆	

六、评价反馈	成绩：

请根据自己在课堂中的实际表现进行自我反思和自我评价。

自我反思：_____
_____
_____
_____
_____
_____
_____
_____

自我评价：_____
_____
_____
_____
_____
_____
_____
_____

实训成绩单

项目	评分标准	分值	得分
接收工作任务	清楚本小组生产任务、小组内的生产分工、作业完成时间节点	5	
信息收集	检修场地准备充分，检修设备或工具准备齐全，材料准备齐全	10	
制订计划	计划制订有效、完整	10	
计划实施	车下设备检查是否仔细，是否有遗漏	10	
计划实施	波纹管及电缆检查是否确认无干涉、磨损	10	
计划实施	接地装置检查是否无漏项	10	
计划实施	受电弓检查是否有漏项，是否注意确保作业安全，测量碳滑条凹槽深度是否准确	25	
质量检查	牵引系统电气设备是否按章检修，是否做了防护；现场是否整理；作业记录表是否按时填写	10	
评价反馈	自我反思是否客观、深刻	5	
评价反馈	操作技能是否掌握、熟练	5	
得分（满分100）			

实训 2.1 受流器检修作业

学院		专业	
姓名		学号	
小组成员		组长姓名	

一、接收工作任务　　成绩：

　　601 车已经入库准备进行受流器检修专项作业，工班长组织班组全员熟悉该车受流器结构与检修作业计划、内容。按照受流器专项检修作业计划，受流器检修作业中包含有：受流器滑靴拆卸、安装作业、受流器绝缘测试作业。工班长根据作业项目对班组人员进行分工，两人一组按照操作要点对以上作业任务开展作业。

二、信息收集　　成绩：

1. 检修场地准备
1）工作场地应一直保持＿＿＿＿＿。
2）必须知道灭火器＿＿＿＿＿。
3）列车放置于＿＿＿＿＿，列车＿＿＿＿＿。
2. 检修设备或工具准备
1）作业人员正确穿戴＿＿＿＿＿。
2）作业人员着工装、＿＿＿＿＿及＿＿＿＿＿。
3）作业人员戴未被坏损的＿＿＿＿＿。
3. 材料准备
1）检查时，携带＿＿＿＿＿、＿＿＿＿＿、＿＿＿＿＿进行拆装与测量。
2）进行受流器绝缘测试时，需会正确使用＿＿＿＿＿。
4.（选择题）碳滑靴更换标准为：碳滑靴磨耗层距金属底板（　　）时或最大破损长度（　　），破损面积大于总接触面的三分之二时需更换新碳滑靴。
　　A.＜3mm　　　　B.＜5mm　　　　C.＞80mm　　　　D.＞100mm

三、制订计划　　成绩：

1. 根据受流器检修作业要求，制订计划

序号	作业项目	操作要点
1	受流器清洁	受流器清洁部位包括绝缘背板和扭簧
2	受流器外观检查	受流器外观检查点包括所有接线、受流器保险指示点、受流器绝缘背板、受流器弹簧、齿板、绝缘保护罩
3	受流器滑靴更换	受流器滑靴更换操作标准
4	受流器绝缘测试	正确使用绝缘电阻表

计划审核	审核意见： 　　　　　　　　　　　　　　　年　　月　　日　签字：

2. 请根据作业计划，完成小组成员任务分工

操作人		记录员	
监护人		展示员	
作业注意事项			

① 作业人需确认作业股道、作业车辆及作业位置。
② 作业人员需确认检修库的隔离开关柜断电，以及车辆处于关车状态，列车两节头车分别放置止轮器，保证车辆本身及周边无安全隐患。

检测设备、工具、材料			
序号	名称	数量	清点
1	棘轮扳手	1 把	□已清点
2	力矩扳手	1 把	□已清点
3	固定扳手	1 把	□已清点
4	绝缘电阻表	1 台	□已清点
5	抹布	1 块	□已清点
6	清洗剂（中性）	2L	□已清点

四、计划实施	成绩：

1）清洁受流器。

用湿抹布和中性清洁剂清洗受流器绝缘背板和扭簧	□执行　　□未执行
清洁剂要求	清洁剂的 pH 值应当为 ＿＿＿（最好为 7）
清洗产品时能否有磨损物质和导电物质	□能　　□否
清洗注意事项	不要清洗电缆、＿＿＿和＿＿＿，也不要采用高压清洗设备

2）检查受流器外观。

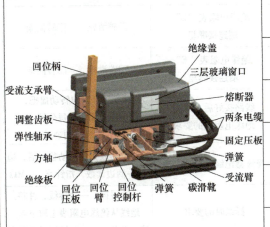

受流器所有接线外观有无破损、烧毁	□有	□无
受流器摆臂、扭簧有无断裂、裂纹	□有	□无
受流器保险指示点有无凸起	□有	□无
受流器绝缘背板有无裂纹、电蚀	□有	□无
受流器弹簧、齿板、绝缘保护罩有无断裂、裂纹	□有	□无
受流器所有螺栓有无松动、折断	□有	□无

3）更换受流器滑靴。

	碳滑靴更换标准	磨耗层距金属底板<____mm时或最大破损长度>____mm时，破损面积大于总接触面的____时
	使用何种工具，拆下受流器滑靴4个固定螺栓	□棘轮扳手　□力矩扳手
	使用干抹布擦拭受流臂，并更换新的滑靴	□执行　□未执行
	使用何种工具固定受流器滑靴	□棘轮扳手　□力矩扳手

4）测试受流器绝缘，校表。

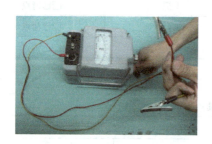	是否测量前对绝缘电阻表进行一次开路和短路试验	□是　□否
	将两连接线开路，摇动手柄，指针应指在什么位置	□"∞"处　□"0"处
	将两连接线短接，摇动手柄，指针应指在什么位置	□"∞"处　□"0"处

5）测试受流器绝缘，断开母线连接。

	是否断开受流器母线连接	□是　□否
	选择什么工具反向转动，拆卸母线螺栓	□棘轮扳手　□套筒　□固定扳手

6）测试受流器绝缘，测量。

	绝缘电阻表"L"端连接哪里	□碳滑靴　□转向架
	绝缘电阻表"E"端连接哪里	□碳滑靴　□转向架
	线接好后，摇动绝缘电阻表的要求	按顺时针方向转动摇把，速度由慢而快至每分钟____转左右时，匀速转动
	受流器绝缘良好的表现	绝缘电阻表指针滑动稳定后，边摇手柄边读数，指针≥____MΩ
	拆线时的要求	一边慢摇，一边拆线，并将地线从绝缘电阻表上取下与被测设备____，对被测设备放电

五、质量检查		成绩:	
请实训指导教师检查本组作业结果,并针对实训过程出现的问题提出改进措施及建议。			
序号	评价标准		评价结果
1	受流器清洗洁净、规范		
2	受流器外观检查无漏项		
3	受流器碳滑靴更换标准掌握熟练、工具选用正确		
4	受流器绝缘测试工具使用正确、操作规范		
综合评价	☆ ☆ ☆ ☆ ☆		

六、评价反馈	成绩:

请根据自己在课堂中的实际表现进行自我反思和自我评价。

自我反思: _____

自我评价: _____

实训成绩单

项目	评分标准	分值	得分
接收工作任务	清楚本小组生产任务、小组的生产分工、作业完成时间节点	5	
信息收集	检修场地准备充分,检修设备或工具准备齐全,材料准备齐全	10	
制订计划	计划制订有效、完整	10	
计划实施	受流器清洗洁净、规范	10	
	受流器外观检查无漏项	10	
	受流器碳滑靴更换标准掌握熟练、工具选用正确	10	
	受流器绝缘测试工具使用正确、操作规范	25	
质量检查	受流器是否按章检修,是否做了防护;现场是否整理;作业记录表是否按时填写	10	
评价反馈	自我反思是否客观、深刻	5	
	操作技能是否掌握、熟练	5	
得分(满分100)			

实训 2.2　线路接触器检修作业

学院		专业	
姓名		学号	
小组成员		组长姓名	

一、接收工作任务　　成绩：

　　601 车已经入库准备进行线路接触器检修专项作业，工班长组织班组全员熟悉该车线路接触器结构与检修作业计划、内容。按照线路接触器专项检修作业计划，线路接触器检修作业中包含有：灭弧罩拆装、维护，主触头拆装、维护作业。工班长根据作业项目对班组人员进行分工，两人一组按照操作要点对以上作业任务开展作业。

二、信息收集　　成绩：

1. 检修场地准备

1）工作场地应一直保持_____。

2）股道带有_____。

3）电客车处于_____状态。

2. 检修设备或工具准备

1）作业人员正确穿戴_____。

2）作业人员着工装、_____及_____。

3）作业人员戴未被坏损的_____。

3. 材料准备

1）检查时，挂好_____。

2）进行线路接触器检查作业时，需要用到_____、_____、_____。

4.（多选题）触头一般由纯铜、黄铜和青铜等材料制成。为防止触头表面被氧化，一般需要采取（　　）等措施加以防护。

　　A. 镀锡　　　B. 镀银　　　C. 涂防腐漆　　　D. 涂凡士林　　　E. 加塑料外壳

三、制订计划　　成绩：

1. 根据线路接触器检修作业要求，制订计划

序号	作业项目	操作要点
1	拆装灭弧罩	灭弧罩拆装具有方向性，注意安装方向
2	灭弧罩维护作业	打磨灭弧罩内格栅并清洁
3	拆装主触头	主触头由内六角螺母固定，拆装时注意选用工具
4	主触头维护作业	打磨主触头，掌握打磨标准
计划审核	审核意见： 年　　月　　日　　签字：	

2. 请根据作业计划，完成小组成员任务分工

操作人		记录员	
监护人		展示员	

<table>
<tr><td colspan="4" align="center">作业注意事项</td></tr>
<tr><td colspan="4">① 作业人需确认作业股道、作业车辆及作业位置。
② 作业人员需确认检修库的隔离开关柜断电，以及车辆处于关车状态，列车两节头车分别放置止轮器，保证车辆本身及周边无安全隐患。</td></tr>
<tr><td colspan="4" align="center">检测设备、工具、材料</td></tr>
<tr><td align="center">序号</td><td align="center">名称</td><td align="center">数量</td><td align="center">清点</td></tr>
<tr><td align="center">1</td><td align="center">禁动牌</td><td>1个</td><td>□已清点</td></tr>
<tr><td align="center">2</td><td align="center">四角钥匙</td><td>1把</td><td>□已清点</td></tr>
<tr><td align="center">3</td><td align="center">内六角组套</td><td>1套</td><td>□已清点</td></tr>
<tr><td align="center">4</td><td align="center">万用表</td><td>1块</td><td>□已清点</td></tr>
</table>

四、计划实施	成绩：

1）拆卸灭弧罩。

	用四方钥匙打开哪个箱子	□主逆变器	□蓄电池
	向上推动紧固把手，拔出灭弧罩有什么标记的一侧	□【OK】	□【UP】
	是否待灭弧罩有【OK】标记侧拔出后，再将整个灭弧罩拔出	□是	□否

2）检查灭弧罩。

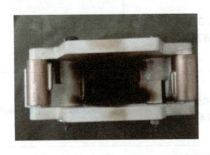

	确认灭弧罩有无变形、破损	□有	□无
	使用什么工具清理内部黏连在灭弧格栅上的铁屑	□长一字螺钉旋具 □内六角扳手	

3）打磨灭弧罩。

	使用剪好的什么型号砂纸轻轻将灭弧罩的黑色氧化层部分打磨干净	☐100# ☐400#
	使用干抹布蘸取少量的什么进行擦拭	☐纯净水 ☐无水乙醇

4）测量灭弧罩导通性。

	将万用表调至什么档位	☐电阻档 ☐电压档
	两表笔分别接触什么位置来测试灭弧罩是否导通	
	万用表的什么现象说明灭弧罩已导通，应更换新的灭弧罩	

5）拆卸打磨线路接触器主触点。

	使用什么工具拆下线路接触器触头	☐长一字螺钉旋具 ☐内六角扳手
	使用什么工具将触头表面氧化层清除干净	☐100#砂纸 ☐400#砂纸
	打磨主触头完成的标准是什么	

6）检查线路接触器主触头。

	检查主触头的标准是什么	
	检查触头顶部烧蚀范围不超过多少	☐10mm×3mm ☐15mm×3mm

7) 安装主触头。

	是否安装打磨完成的线路接触器触头	□是　　□否
	是否在安装完成后涂打防松标记	□是　　□否

8) 检查线路接触器主触点。

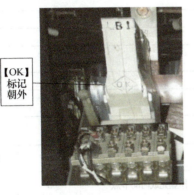	是否向上推动把手，安装灭弧罩，先将灭弧罩【OK】标记的相对侧插入安装座	□是　　□否
	是否按下灭弧罩有【OK】标记侧，且【OK】标记侧朝外	□是　　□否

五、质量检查	成绩：

请实训指导教师检查本组作业结果，并针对实训过程出现的问题提出改进措施及建议。

序号	评价标准	评价结果
1	线路接触器灭弧罩拆装规范、标准	
2	灭弧罩格栅打磨干净、测试规范	
3	线路接触器主触头拆装规范、标准	
4	线路接触器主触头打磨干净、检查准确	
综合评价	☆ ☆ ☆ ☆ ☆	

六、评价反馈	成绩：

请根据自己在课堂中的实际表现进行自我反思和自我评价。

自我反思：
_____
_____
_____
_____
_____
_____
_____

自我评价：
_____
_____
_____
_____
_____
_____
_____

实训成绩单

项目	评分标准	分值	得分
接收工作任务	清楚本小组生产任务、小组内的生产分工、作业完成时间节点	5	
信息收集	检修场地准备充分，检修设备或工具准备齐全，材料准备齐全	10	
制订计划	计划制订有效、完整	10	
计划实施	线路接触器灭弧罩拆装规范、标准	10	
计划实施	灭弧罩格栅打磨干净、测试规范	10	
计划实施	线路接触器主触头拆装规范、标准	10	
计划实施	线路接触器主触头打磨干净、检查准确	25	
质量检查	线路接触器是否按章检修，是否做了防护；现场是否整理；作业记录表是否按时填写	10	
评价反馈	自我反思是否客观、深刻	5	
评价反馈	操作技能是否掌握、熟练	5	
得分（满分100）			

实训 2.3　牵引逆变器检修作业

学院		专业	
姓名		学号	
小组成员		组长姓名	
一、接收工作任务		成绩：	

　　601车已经入库准备进行牵引逆变器检修专项作业，工班长组织班组全员熟悉该车牵引逆变器结构与检修作业计划、内容。按牵引逆变器专项检修作业计划，牵引逆变器检修作业中包含有：牵引逆变器箱清扫、线路接触器检查、滤波电容器检查、电流传感器检查、斩波单元门极电路板检查等。工班长根据作业项目对班组人员进行分工，两人一组按照操作要点对以上作业任务开展作业。

二、信息收集	成绩：

1. 检修场地准备
1）工作场地应一直保持_____。
2）股道带有_____。
3）电客车处于_____状态。
2. 检修设备或工具准备
1）作业人员正确穿戴_____。
2）作业人员着工装、_____及_____。
3）作业人员戴未被坏损的_____。
3. 材料准备
1）检查时，挂好_____。
2）巡视列车四周，确认列车。
4.（多选题）牵引逆变器检查时需要使用到的工具有（　　）。
A. 棘轮扳手　　B. 方孔钥匙　　C. LED 手电筒　　D. 套筒组件　　E. 螺钉旋具

三、制订计划	成绩：

1. 根据牵引逆变器检修作业要求，制订计划

序号	作业项目	操作要点
1	表面灰尘清扫	清扫箱底部和器件外观、各接线连接处至干净无积尘
2	接线检查作业	确认线路连接紧固、绝缘无破损
3	线路接触器检查	测量主触头、辅助触头厚度，测量线圈电阻，检查辅助触头状态和通电逻辑，检查灭弧罩
4	滤波电容器外观检查	确认电容外观良好，安装牢固，无漏油、异常变形
5	电流传感器外观检查	确认安装牢固，无变形、烧损、断裂
6	逆变单元和斩波单元门极电路板检查	目视检查器件无变色、开焊、烧损、尘土堆积、插头无松动

计划审核	审核意见： 　　　　　　　　　　　　　　　　　　　　　年　　月　　日　　签字：

2. 请根据作业计划，完成小组成员任务分工

操作人		记录员	
监护人		展示员	

作业注意事项
① 作业人员需确认降弓休眠，隔离开关打到接地位，戴好防尘面具。 ② 作业人员需确认列车无车间电源供电。

检测设备、工具、材料			
序号	名称	数量	清点
1	棘轮扳手	1 把	□已清点
2	方孔钥匙	1 个/组	□已清点
3	LED 手电筒	1 个/组	□已清点
4	套筒组件	1 组	□已清点

四、计划实施	成绩：

1）清扫牵引逆变器箱。

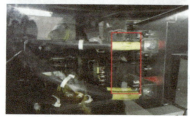

用什么工具打开牵引逆变器箱	□方孔钥匙	□三角钥匙
是否清扫至箱底部和器件外观、各接线连接处干净无积尘	□是	□否
是否确认逆变单元散热片无严重变形、折断，肋间无尘土、杂物堆积，防护罩安装牢固，无严重变形，边缘无开焊、锈蚀、掉漆	□是	□否

2）检查接线。

确认箱内各铜排、插口有无变色变形	□有	□无
确认连接线连接是否紧固	□是	□否
确认绝缘布有无破损、碳化	□有	□无

3）检查线路接触器。

	确认接触器外观是否良好，安装牢固	□是 □否
	检查绝缘安装板有无断裂	□有 □无
	接线端子有无过热变色灼痕	□有 □无
	是否进行手动测试接触器动作灵活无卡滞，触头接触良好	□是 □否

4）检查滤波电容器。

	检查各电容器外观是否良好	□是 □否
	确认安装是否牢固	□是 □否
	检查有无漏油、异常变形	□有 □无

5）检查电流传感器外观。

	确认安装是否牢固	□是 □否
	检查有无变形、烧损、断裂	□有 □无

6）检查逆变单元和斩波单元门极电路板。

 门级驱动电路板	目视检查器件有无变色、开焊、烧损	□有	□无
	是否清扫尘土、确认插头无松动	□是	□否

7）检查TCU单元。

	确认安装是否牢固，电路板固定是否牢固	□是	□否
	检查外观有无烧损	□有	□无
	检查插头有无松动	□有	□无
	检查各电路板有无变色、烧损、开焊	□有	□无

五、质量检查	成绩：

请实训指导教师检查本组作业结果，并针对实训过程出现的问题提出改进措施及建议。

序号	评价标准	评价结果
1	牵引逆变器箱清扫干净、无积灰	
2	箱内各线路连接紧固	
3	接触器功能正常，手动测试灵活无卡滞	
4	箱内滤波电容器安装紧固、无烧损	
5	箱内电流传感器安装紧固、无烧损	
6	逆变单元、斩波单元门极电路板安装紧固、无烧损	
综合评价	☆ ☆ ☆ ☆	

六、评价反馈	成绩：

请根据自己在课堂中的实际表现进行自我反思和自我评价。

自我反思：_____

_____

_____

_____

_____

_____

自我评价：_____

_____

_____

_____

_____

_____

_____

实训成绩单

项目	评分标准	分值	得分
接收工作任务	清楚本小组生产任务、小组内的生产分工、作业完成时间节点	5	
信息收集	检修场地准备充分，检修设备或工具准备齐全，材料准备齐全	10	
制订计划	计划制订有效、完整	10	
计划实施	牵引逆变器箱清扫干净、无积灰	5	
	箱内各线路连接紧固	10	
	接触器功能正常，手动测试灵活无卡滞	10	
	箱内滤波电容器安装紧固、无烧损	10	
	箱内电流传感器安装紧固、无烧损	10	
	逆变单元、斩波单元门极电路板安装紧固、无烧损	10	
质量检查	牵引逆变器是否按章检修，是否做了防护；现场是否整理；作业记录表是否按时填写	10	
评价反馈	自我反思是否客观，深刻	5	
	操作技能是否掌握，熟练	5	
得分（满分100）			

实训 2.4　牵引电机检修作业

学院		专业	
姓名		学号	
小组成员		组长姓名	

一、接收工作任务	成绩：

　　601 车已经入库准备进行牵引电机检修专项作业，工班长组织班组全员熟悉该车牵引电机结构与检修作业计划、内容。按牵引电机专项检修作业计划，牵引电机检修作业中包含有：定子检查、转子检查、轴承检查、速度传感器检查、温度传感器检查等。工班长根据作业项目对班组人员进行分工，两人一组按照操作要点对以上作业任务开展作业。

二、信息收集	成绩：

1. 检修场地准备
1）工作场地应一直保持_____。
2）股道带有_____。
3）确认列车处于_____状态。
2. 检修设备或工具准备
1）作业人员正确穿戴_____。
2）作业人员着工装、_____及_____。
3）作业人员戴未被坏损的_____。
3. 材料准备
1）检查时，挂好_____，红闪灯。
2）巡视列车四周，确认列车。
4.（多选题）电机检修专项检查的部件包括（　　　）。
A. 定子　　　B. 转子　　　C. 滤尘器　　　D. 轴承　　　E. 速度传感器

三、制订计划	成绩：

1. 根据牵引电机检修作业要求，制订计划。

序号	作业项目	操作要点
1	转子检查作业	转子各部位无异常
2	轴承检查作业	轴承部位外观、解体检查无异常
3	定子检查作业	1. 各端子连接线、引接线的安装状态无异常 2. 端盖、轴套、轴承盖无异常
4	滤尘器检查作业	滤尘器的入口干净，安装状况良好
5	温度传感器检查作业	温度传感器无异常
6	速度传感器检查作业	速度传感器安装、外观无异常
计划审核	审核意见： 　　　　　　　　　　　　　　　　　　　　　　　　年　　月　　日　签字：	

2. 请根据作业计划，完成小组成员任务分工。

操作人		记录员	
监护人		展示员	
作业注意事项			

① 确认列车处于休眠状态。
② 车底作业当心碰头。

检测设备、工具、材料			
序号	名称	数量	清点
1	棘轮扳手	1 把	□已清点
2	固定扳手	1 把	□已清点
3	LED 手电筒	1 个/组	□已清点
4	套筒组件	1 组	□已清点

四、计划实施   成绩：

1) 转子检修作业。

是否清理转子灰尘	□是	□否
有无因异常过热使表面油漆层脱落	□有	□无
转子铜条与端环焊接处有无开裂、损伤、变形	□有	□无
风扇、齿轮盘有无开裂、损伤、变形	□有	□无
转轴有无开裂、损伤	□有	□无
各处紧固螺栓有无松动	□有	□无
重新校动平衡，合格标准是什么	残余不平衡量小于____ g·mm	

2）轴承检查作业。

	有无过热和异常声音	□有	□无
	有无损伤、开裂	□有	□无
	有无润滑脂泄漏	□有	□无
	润滑脂加脂周期		

3）定子检查作业。

	连接线、引接线有无损伤	□有	□无
	连接线、引接线固定处有无松动	□有	□无
	测量绝缘电阻的工具是什么	□绝缘电阻表	□万用表
	排水孔有无堵塞	□有	□无
	是否清理定子灰尘、油污	□是	□否
	各线圈有无污损、损伤	□有	□无
	部件有无损伤、开裂	□有	□无
	端盖钢丝螺套有无松动	□有	□无

4）滤尘器检查作业。

	紧固螺栓有无松动	□有	□无
	滤尘器有无损伤	□有	□无

5）温度传感器检查作业。

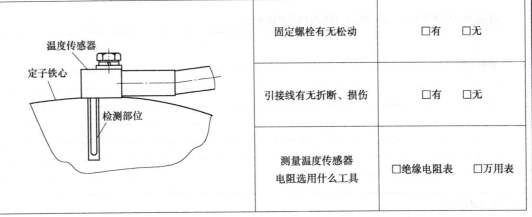

固定螺栓有无松动	□有 □无
引接线有无折断、损伤	□有 □无
测量温度传感器电阻选用什么工具	□绝缘电阻表 □万用表

6）速度传感器检查作业。

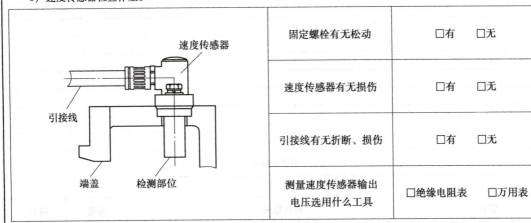

固定螺栓有无松动	□有 □无
速度传感器有无损伤	□有 □无
引接线有无折断、损伤	□有 □无
测量速度传感器输出电压选用什么工具	□绝缘电阻表 □万用表

五、质量检查	成绩：

请实训指导教师检查本组作业结果，并针对实训过程出现的问题提出改进措施及建议。

序号	评价标准	评价结果
1	转子各部位无异常	
2	轴承部位外观、解体检查无异常	
3	定子各端子连接线、引接线的安装状态无异常	
4	滤尘器的入口干净，安装状况良好	
5	温度传感器无异常	
6	速度传感器安装、外观无异常	
综合评价	☆ ☆ ☆ ☆ ☆	

六、评价反馈	成绩:

请根据自己在课堂中的实际表现进行自我反思和自我评价。

自我反思：_____
_____
_____
_____
_____
_____
_____
_____

自我评价：_____
_____
_____
_____
_____
_____
_____
_____

实训成绩单

项目		评分标准	分值	得分
接收工作任务		清楚本小组生产任务、小组内的生产分工、作业完成时间节点	5	
信息收集		检修场地准备充分，检修设备或工具准备齐全，材料准备齐全	10	
制订计划		计划制订有效、完整	10	
计划实施		转子各部位无异常	5	
		轴承部位外观、解体检查无异常	10	
		定子各端子连接线、引接线的安装状态无异常	10	
		滤尘器的入口干净，安装状况良好	10	
		温度传感器无异常	10	
		速度传感器安装、外观无异常	10	
质量检查		牵引电动机是否按章检修，是否做了防护；现场是否整理；作业记录表是否按时填写	10	
评价反馈		自我反思是否客观、深刻	5	
		操作技能是否掌握、熟练	5	
得分（满分100）				

实训 3　制动系统设备日检作业

学院		专业	
姓名		学号	
小组成员		组长姓名	
一、接收工作任务		成绩：	

　　601 车已经入库准备进行日检作业，工班长组织班组全员熟悉该车的制动系统日检作业计划与内容。按照日检作业计划，日检作业中包含制动系统设备的作业内容有：空压机单元及空气干燥器检查、各类气管及阀检查、制动单元检查作业。工班长根据作业项目对班组人员进行分工，两人一组按照操作要点对以上制动系统设备进行检查作业。

二、信息收集	成绩：

1. 检修场地准备
1) 工作场地应一直保持_____。
2) 必须知道灭火器_____。
3) 车下设备检查前，列车停放在_____的股道上，并施加_____。
2. 检修设备或工具准备
1) 作业人员穿_____鞋。
2) 作业人员戴未被坏损的_____。
3. 材料准备
1) 检查时，携带_____进行照明。
2) 遇带锁设备柜内部检查时，使用_____开启柜门，检查完毕注意锁紧。
4.（多选题）日检作业中，需要检查的制动系统设备有（　　）。
A. 空压机单元　　B. 干燥器　　C. 各类气管　　D. 各类阀　　E. 制动单元

三、制订计划	成绩：

1. 根据制动系统设备日检作业要求，制订计划

序号	作业项目	操作要点
1	空压机单元及空气干燥器检查	检查空压机及干燥器外观、紧固件、防坠吊绳、真空指示器、空压机油位
2	各类气管及阀检查	检查各类气管、风缸及其紧固件、各类阀门和截断塞门
3	制动单元检查	1. 检查橡皮保护套及螺栓 2. 检查管路及紧固件 3. 检查闸瓦托及闸瓦
计划审核	审核意见： 　　　　　　　　　　　　　　　　　　　　　　　年　　月　　日　签字：	

2. 请根据作业计划，完成小组成员任务分工

操作人		记录员	
监护人		展示员	
作业注意事项			
① 作业前，挂好"禁止动车牌""红闪灯"，做好安全防护。 ② 劳保用品穿戴齐全，车下作业时注意安全。			
检测设备、工具、材料			
序号	名称	数量	清点
1	方孔钥匙	1把	□已清点
2	LED 手电筒	1个	□已清点

四、计划实施   成绩：

1）检查空压机单元及空气干燥器外观。

有无异常损伤	□有	□无
防松标记有无错位	□有	□无
橡胶件有无裂纹、脆化	□有	□无
防坠吊绳是否完好	□是	□否

2）检查空压机单元及空气干燥器附件。

真空指示器有无异常	□有	□无
空压机润滑油有无乳化	□有	□无
空压机润滑油油位是否正常	□是	□否
空压机润滑油正常油位是多少		

3）检查各类气管。

有无明显漏气声	□有	□无
紧固件有无松动	□有	□无
连接管线有无断裂	□有	□无

4）检查各类阀。

	有无明显漏气声	□有 □无
	位置是否正确	□是 □否
	防松标记有无错位	□有 □无

5）检查制动单元橡皮保护套及螺栓。

	有无异常损伤	□有 □无
	防松标记有无错位	□有 □无
	钢丝绳有无松动	□有 □无

6）检查制动单元管路及紧固件。

	有无异常损伤	□有 □无
	防松标记有无错位	□有 □无

7）检查制动单元闸瓦托及闸瓦。

	有无异常损伤	□有 □无
	闸瓦是否需要更换	□是 □否
	闸瓦更换标准	闸瓦任何一点位置____达到更换刻度线

五、质量检查		成绩：	
请实训指导教师检查本组作业结果，并针对实训过程出现的问题提出改进措施及建议。			
序号	评价标准		评价结果
1	空压机及干燥器外观是否正常；紧固件是否紧固；防坠吊绳、真空指示器、空压机油位是否正常		
2	气管、风缸、阀门、截断塞门是否有漏气，安装是否紧固		
3	制动单元橡皮保护套有无破损；安装是否紧固；管路有无漏气；闸瓦是否达到更换标准		
综合评价	☆ ☆ ☆ ☆ ☆		

六、评价反馈	成绩：

请根据自己在课堂中的实际表现进行自我反思和自我评价。

自我反思：_____
_____
_____
_____
_____

自我评价：_____
_____
_____
_____
_____

实训成绩单

项目	评分标准	分值	得分
接收工作任务	清楚本小组生产任务、小组内的生产分工、作业完成时间节点	5	
信息收集	检修场地准备充分，检修设备或工具准备齐全，材料准备齐全	10	
制订计划	计划制订有效、完整	10	
计划实施	空压机及干燥器外观是否正常；紧固件是否紧固；防坠吊绳、真空指示器、空压机油位是否正常	15	
	气管、风缸、阀门、截断塞门是否漏气，安装是否紧固	15	
	制动单元橡皮保护套有无破损；安装是否紧固；管路有无漏气；闸瓦是否达到更换标准	25	
质量检查	制动系统设备是否按章日检，是否做了防护；现场是否整理；作业记录表是否按时填写	10	
评价反馈	自我反思是否客观，深刻	5	
	操作技能是否掌握，熟练	5	
得分（满分100）			

实训 4.1　空压机滤芯更换作业

学院		专业	
姓名		学号	
小组成员		组长姓名	

一、接收工作任务	成绩：

601 车已经入库准备进行空压机滤芯更换作业，工班长组织班组全员熟悉该车空压机结构与检修作业计划、内容。按空压机滤芯更换作业计划，空压机滤芯更换作业中包含有：取下滤清器端盖、取下滤芯、安装滤芯、安装端盖等。工班长根据作业项目对班组人员进行分工，两人一组按照操作要点对以上作业任务开展作业。

二、信息收集	成绩：

1. 检修场地准备
1）工作场地应一直保持_____。
2）股道带有_____。
3）确认列车处于_____状态。
2. 检修设备或工具准备
1）作业人员正确穿戴_____。
2）作业人员着工装、_____及_____。
3）作业人员戴未被坏损的_____。
3. 材料准备
1）检查时，挂好_____，红闪灯。
2）巡视列车四周，确认列车。
4.（多选题）空压机滤芯更换作业需要用到的工具及物料包括（　　）。
A. 禁动牌　　B. 力矩扳手　　C. 加长套筒　　D. 滤芯　　E. 棉抹布　　F. 活扳手

三、制订计划	成绩：

1. 根据空压机滤芯更换作业要求，制订计划。

序号	作业项目	操作要点
1	取下滤清器端盖操作	选用正确的工具
2	取下滤芯操作	取下并清洁滤芯
3	安装滤芯操作	施加正确的扭矩值
4	安装端盖操作	清洁端盖并注意安装方向

计划审核	审核意见： 　　　　　　　　　　　　　年　　月　　日　签字：

2. 请根据作业计划，完成小组成员任务分工。

操作人		记录员	
监护人		展示员	

作业注意事项
① 作业时，注意佩戴个人防护装备。 ② 涉及列车作业，列车端部挂好禁动牌。 ③ 作业完毕后，清理现场。

检测设备、工具、材料			
序号	名称	数量	清点
1	禁动牌	1个	□已清点
2	力矩扳手	1把	□已清点
3	加长套筒	1个/组	□已清点
4	滤芯	1个	□已清点
5	棉抹布	1块	□已清点
6	活扳手	1把	□已清点

四、计划实施	成绩：

1) 确认空压机状态。

在电客车断电前提下，确认空压机是否处于非工作状态	□是　□否

2) 取下滤清器端盖。

是否取下空气滤清器端盖	□是　□否
选用什么工具取下端盖	□活扳手　□螺钉旋具

3）清洁端盖。

是否清洁空气滤清器端盖	□是	□否
清洁滤清器端盖哪一面	□内侧面	□外侧面
选用什么工具清洁滤清器端盖	□钢丝刷	□抹布

4）松开滤芯紧固螺栓。

是否把固定滤芯的螺栓取下	□是	□否
选用什么工具把固定滤芯的螺栓取下	□活扳手	□螺钉旋具

5）取下滤芯。

是否取下空压机滤芯	□是	□否
是否用抹布清洁空气滤清器	□是	□否
清洁空气滤清器哪一面	□内表面	□外表面

6）安装新滤芯。

是否更换新的空压机滤芯	□是	□否

7）紧固螺母。

是否把固定滤芯的螺栓拧紧	□是　□否
选用什么工具把固定滤芯的螺栓拧紧	□活扳手 □力矩扳手
固定滤芯的螺栓力矩为多少	____N·m

8）安装端盖。

是否把空气滤清器端盖安装上	□是　□否
是否用活扳手拧紧端盖	□是　□否
端盖吸气孔朝向车辆哪侧	□内侧　□外侧

五、质量检查	成绩：

请实训指导教师检查本组作业结果，并针对实训过程出现的问题提出改进措施及建议。

序号	评价标准	评价结果
1	选用正确的工具取下滤清器端盖	
2	取下并清洁滤芯	
3	安装滤芯，施加正确的扭矩值	
4	安装端盖时注意清洁、注意安装方向	
综合评价	☆ ☆ ☆ ☆ ☆	

六、评价反馈	成绩：

请根据自己在课堂中的实际表现进行自我反思和自我评价。

自我反思：_____
_____
_____
_____
_____
_____

自我评价：_____
_____
_____
_____
_____
_____
_____

实训成绩单

项目	评分标准	分值	得分
接收工作任务	清楚本小组生产任务、小组内的生产分工、作业完成时间节点	10	
信息收集	检修场地准备充分，检修设备或工具准备齐全，材料准备齐全	10	
制订计划	计划制订有效、完整	10	
计划实施	选用正确的工具取下滤清器端盖	10	
计划实施	取下并清洁滤芯	10	
计划实施	安装滤芯，施加正确的扭矩值	20	
计划实施	安装端盖时注意清洁、注意安装方向	10	
质量检查	空压机滤芯是否按章更换，是否做了防护；现场是否整理；作业记录表是否按时填写	10	
评价反馈	自我反思是否客观、深刻	5	
评价反馈	操作技能是否掌握、熟练	5	
得分（满分100）			

实训 4.2　智能阀拆装作业

学院		专业	
姓名		学号	
小组成员		组长姓名	

一、接收工作任务　　成绩：

　　601 车已经入库准备进行智能阀拆装作业，工班长组织班组全员熟悉该车智能阀结构与拆装作业计划、内容。按智能阀拆装作业计划，智能阀拆装作业包含有：拆卸智能阀准备、取下阀的电气连接、清洁阀座、安装新阀、系统检测等。工班长根据作业项目对班组人员进行分工，两人一组按照操作要点对以上作业任务开展作业。

二、信息收集　　成绩：

1. 检修场地准备
1) 工作场地应一直保持_____。
2) 股道带有_____。
3) 确认列车处于_____状态。
2. 检修设备或工具准备
1) 作业人员正确穿戴_____。
2) 作业人员着工装、_____及_____。
3) 作业人员戴未被坏损的_____。
3. 材料准备
1) 检查时，挂好_____，红闪灯。
2) 巡视列车四周，确认列车。
4. （多选题）智能阀拆装作业需要用到的工具及物料包括（　　）。
A. 禁动牌　　B. 棘轮扳手　　C. 加长套筒　　D. 滤芯　　E. 棉抹布　　F. 呆扳手

三、制订计划　　成绩：

1. 根据智能阀拆装作业要求，制订计划

序号	作业项目	操作要点
1	拆卸智能阀准备	正确操作相关阀门，进行排风
2	取下阀的电气连接	拆出接地螺栓，排尽阀内空气
3	清洁阀座	清洁阀座，取出新阀
4	安装新阀	正确安装，检查是否漏风
5	系统检测	投入蓄电池，查看阀的状态
计划审核	审核意见： 年　　月　　日　签字：	

2. 请根据作业计划，完成小组成员任务分工

操作人		记录员	
监护人		展示员	
作业注意事项			

① 作业时，注意佩戴个人防护装备。
② 涉及列车作业，列车端部挂好禁动牌。
③ 作业完毕后，清理现场。

检测设备、工具、材料			
序号	名称	数量	清点
1	禁动牌	1个	□已清点
2	棘轮扳手	1把	□已清点
3	加长套筒	1个/组	□已清点
4	棉抹布	1块	□已清点
5	呆扳手	1把	□已清点

四、计划实施　　　　　　　　　　　成绩：

1）智能阀拆卸准备。

是否将要更换阀对应的 B05 塞门截断	□是	□否
截断塞门手柄变为什么方向	□水平	□垂直
是否将辅助控制箱中的 B10 塞门截断	□是	□否
是否将邻车靠近要处理车一端的 W27 塞门截断	□是	□否
截断靠近要处理车一端的 W27 塞门的目的是什么		
是否将故障处理车的总风缸截断塞门打开排风	□是	□否

2）取下阀的电气连接器。

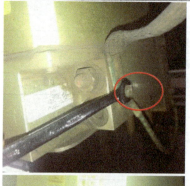

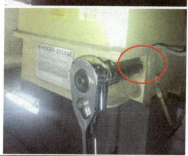

是否将阀外壳接地线螺栓取下	□是	□否
用什么工具将阀外壳接地线螺栓取下	□棘轮扳手	□呆扳手
是否将阀的两个螺母松开	□是	□否
用什么工具将阀的两个螺母松开	□加长套筒	□棘轮扳手
将阀的两个螺母松开的目的是什么		
是否在风压力减弱后可以再次松开螺母	□是	□否
在风压力减弱后可以再次松开螺母的目的是什么		

3）安装新阀。

是否取下要更换阀体并清洁阀座	□是	□否
是否给新阀安装好O形圈	□是	□否
安装新阀的操作顺序是什么	拾起新阀，使阀座的螺栓穿过阀体，一手推着____，一手安装____、垫片，手动拧紧____。注意安装过程____的位置和数量，避免掉落	
是否紧固阀固定螺母，并画好防松线	□是	□否
是否安装阀接地线，画好防松线	□是	□否
是否将排风时截断的塞门均恢复，锁好相应的箱体	□是	□否
检查阀体是否漏风	□是	□否

4）系统检测。

是否接通蓄电池，是否查看阀的状态	□是	□否
压力显示，软件版本显示是否正确	□是	□否

五、质量检查		成绩：	
请实训指导教师检查本组作业结果，并针对实训过程出现的问题提出改进措施及建议。			
序号	评价标准		评价结果
1	正确操作相关阀门，进行排风		
2	拆出接地螺栓，排尽阀内空气		
3	清洁阀座，取出新阀		
4	正确安装，检查是否漏风		
5	投入蓄电池，查看阀的状态		
综合评价	☆ ☆ ☆ ☆ ☆		

六、评价反馈	成绩：

请根据自己在课堂中的实际表现进行自我反思和自我评价。

自我反思：_____
_____
_____
_____
_____

自我评价：_____
_____
_____
_____
_____

实训成绩单				
项目	评分标准		分值	得分
接收工作任务	清楚本小组生产任务、小组内的生产分工、作业完成时间节点		10	
信息收集	检修场地准备充分，检修设备或工具准备齐全，材料准备齐全		10	
制订计划	计划制订有效、完整		10	
计划实施	正确操作相关阀门，进行排风		10	
	拆出接地螺栓，排尽阀内空气		10	
	清洁阀座，取出新阀		10	
	正确安装，检查是否漏风		10	
	投入蓄电池，查看阀的状态		10	
质量检查	智能阀拆装是否按章作业，是否做了防护；现场是否整理；作业记录表是否按时填写		10	
评价反馈	自我反思是否客观、深刻		5	
	操作技能是否掌握、熟练		5	
得分（满分100）				

实训 4.3 盘式制动单元闸片更换作业

学院		专业	
姓名		学号	
小组成员		组长姓名	

一、接收工作任务　　成绩：

　　601 车正在进行架修作业，工班长组织班组全员熟悉该车的架修进度。按照车间的生产计划，次日将由转向架工班进行单元制动机闸片的更换作业。工班长根据作业项目对班组人员进行分工，两人一组按照操作要点对一台夹钳式单元制动机进行闸片的更换。

二、信息收集　　成绩：

1. 检修场地准备
1) 工作场地应一直保持_____。
2) 明确灭火器的_____。
3) 确认列车处于_____状态，_____设置到位。
2. 检修设备或工具准备
1) 作业人员穿_____，穿戴_____和_____。
2) （多选题）进行盘式制动单元闸片更换作业所需工具及物料有（　　）。
A. 钢直尺　　　B. 螺钉旋具　　　C. 合格闸片

三、制订计划　　成绩：

1. 根据盘式制动单元闸片更换任务要求，制订计划

序号	作业项目	操作要点
1	更换作业前防护确认	确认车辆状态，准备所需工具
2	测量闸片	正常测量闸片厚度，依据使用标准，判断是否需要更换
3	超限闸片拆卸	正确使用工具，依次拆下超限闸片，并在制动盘处做好标记
4	闸片安装	正确使用工具，依次安装闸片，检查闸片是否安装到位
5	更换后检查	检查制动单元安装是否牢固，管路有无漏气，闸片厚度能否满足使用要求
6	设备恢复	连接好相应的制动软管，将作业信息填入记录单
7	供电试验	依次进行常用制动和紧急制动试验，检查闸片与制动盘间隙
8	完工清理	清点领用工具及替换下的耗材，填写闸片更换记录
计划审核	审核意见： 　　　　　　　　　　　　　　　　　　　　　　　　　年　　月　　日　签字：	

2. 请根据作业计划，完成小组成员任务分工

操作人		记录员	
监护人		展示员	

作业注意事项
① 作业人员穿戴安全帽、防护手套以及防护鞋。 ② 确认列车处于静止、停稳状态，止轮器设置到位。 ③ 确认制动缸内压缩空气已完全排出，供风口无压力。 ④ 检查制动盘温度，以免发生烫伤事故。 ⑤ 检查工具，物料及必换件准备齐全，满足使用要求。 ⑥ 在拆卸闸片过程中，必须两人配合或一人用双手托住闸片，防止闸片掉落导致人员受伤。

检测设备、工具、材料			
序号	名称	数量	清点
1	钢直尺	1把	□已清点
2	螺钉旋具	1个	□已清点
3	合格闸片	2片	□已清点

四、计划实施　　　　　　　　　　　　成绩：

1）准备检修场地。

场地是否整洁、干净	□是	□否
灭火器是否确认位置	□是	□否
车间是否无尘、无风	□是	□否
列车是否处于静止、停稳状态，止轮器设置到位	□是	□否

2）准备工具及物料。

作业人员是否穿戴好防护装备	□是	□否
制动缸内压缩空气是否已完全排出	□是	□否
制动盘温度是否降至室温	□是	□否
工具名称是什么		
物料名称是什么		

3）目测单元制动机外观。

外观是否有损伤	☐无　　☐轻微 ☐中度　☐严重
各部件安装状态是否良好	☐良好　　☐轻微损伤 ☐严重损伤
各紧固件状态	☐良好　　☐松动
风管有无泄漏	☐有　　☐无

4）测量闸片。

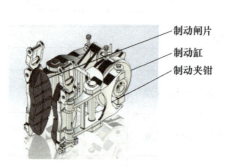

制动闸片
制动缸
制动夹钳

更换闸片 单侧闸片厚度标准	剩余厚度不大于____ mm （磨耗极限为____ mm）
更换闸片 左右制动闸片厚度差标准	左右制动闸片厚度 差大于____ mm
更换闸片 偏磨量标准	偏磨量大于____ mm
更换闸片 表面缺陷、掉块、剥落或 初识裂纹面积标准	总面积超过____ cm²
是否需要更换闸片	☐是　　☐否

5）拆卸闸片。

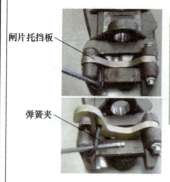

闸片托挡板
弹簧夹

1）用手向上托住闸片下缘并用适当力向上推，用螺钉旋具杆部插入闸片托外侧的锁定弹簧夹带动闸片托挡板沿转轴向外旋转，使闸片托挡板打开
2）双手托住闸片缓慢向下移动，卸下闸片，此过程中务必防止闸片掉落
3）重复以上两步，取出另一块闸片

是否做好作业标记	☐是　　☐否

6)安装闸片。

1)将合格闸片圆弧朝向车轮中心,对准闸片燕尾槽慢慢上滑至顶端
2)用螺钉旋具杆部恢复锁定弹簧夹,使闸片托挡板闭合。销钉应能灵活地进入闭锁位置,并将闸片固定住
3)重复以上两步,安装另一侧闸片
4)晃动闸片,检查闸片是否完全卡在闸片托燕尾槽内
5)目视检查闸片背部是否和闸片托燕尾槽配合面密贴

闸片安装是否紧固	□是	□否
闸片背部是否和闸片托燕尾槽配合面密贴	□是	□否
是否做好作业标记	□是	□否

7)更换后检查。

制动装置表面有无损伤、变形	□有	□无
制动单元安装连接螺栓是否紧固	□是	□否
闸片固定装置是否良好	□是	□否
管路连接是否良好无泄漏	□是	□否

8)设备恢复。

制动管路是否连接妥当	□是	□否
闸片是否安装无误	□是	□否
是否做好制动盘下方标记	□是	□否

9）供电试验。

	试验风压条件	风压在____kPa 以上
	施加制动，闸片动作是否良好	□是　□否
	缓解制动，闸片动作是否良好	□是　□否
	闸片间隙测量	两侧间隙之和应为____mm

10）完工清理。

旧闸片是否回收	□是　□否
工具是否回收	□是　□否
签字确认	

五、质量检查	成绩：

请实训指导教师检查本组作业结果，并针对实训过程出现的问题提出改进措施及建议。

序号	评价标准	评价结果
1	正确确认车辆状态，准备好所需工具	
2	准确测量闸片厚度，能够依据使用标准正确判断闸片是否更换	
3	正确使用工具拆下超限闸片	
4	正确使用工具安装新闸片	
5	对制动单元、管路、闸片状态进行全面检查	
6	准确连接制动软管，正确填写记录单	
7	正确进行供电后制动试验	
8	清点工具及材料，正确填写记录单	
综合评价	☆ ☆ ☆ ☆ ☆	

六、评价反馈	成绩：

请根据自己在课堂中的实际表现进行自我反思和自我评价。

自我反思：_____
_____
_____
_____
_____
_____

自我评价：_____
_____
_____
_____
_____

实训成绩单

项目	评分标准	分值	得分
接收工作任务	清楚本小组任务及小组内分工、作业完成时间节点	5	
信息收集	检修场地准备充分，工具及材料准备齐全	5	
制订计划	计划制订有效、完整	10	
计划实施	正确确认车辆状态，准备好所需工具	5	
	准确测量闸片厚度，能够依据使用标准正确判断闸片是否更换	5	
	正确使用工具拆下超限闸片	5	
	正确使用工具安装新闸片	5	
	对制动单元、管路、闸片状态进行全面检查	10	
	准确连接制动软管，正确填写记录单	5	
	正确进行供电后制动试验	10	
	清点工具及材料，正确填写记录单	5	
质量检查	单元制动机外观洁净、无损伤。供电试验良好，管风压在600kPa以上，施加和缓解制动时闸片动作良好，闸片与制动片两侧表面间隙之和应为6~12mm。作业后做好现场整理，整理工器具；作业记录表填写及时、准确。	20	
评价反馈	自我反思是否客观、深刻	5	
	操作技能是否掌握、熟练	5	
得分（满分100）			

实训 5.1　司机控制器调试作业

学院		专业	
姓名		学号	
小组成员		组长姓名	

一、接收工作任务	成绩：
601 车已经入库准备进行司机控制器（以下简称司控器）调试作业，工班长组织班组全员熟悉该车司控器结构与调试作业计划、内容。按司控器调试作业计划，司控器调试作业包含有：司控器钥匙、方向手柄、牵引制动手柄的联锁逻辑调试，测试手柄不同位置时的 TCMS 级位显示状态是否正常，判断手柄不同位置时输出电压，以及输出电压的显示是否正常等。工班长根据作业项目对班组人员进行分工，两人一组按照操作要点对以上作业任务开展作业。	

二、信息收集	成绩：

1. 检修场地准备

1）工作场地应一直保持　　　　　　。

2）股道带有　　　　　　。

3）确认列车处于　　　　　　状态。

2. 检修设备或工具准备

1）作业人员正确穿戴　　　　　　。

2）作业人员着工装、　　　　　　及　　　　　　。

3）作业人员戴未被坏损的　　　　　　。

3. 材料准备

1）检查时，挂好　　　　　　，红闪灯。

2）巡视列车四周，确认列车状态正常。

4.（多选题）进行司控器调试作业需要使用的工具包括（　　　）。

A. 禁动牌　　B. 主控钥匙　　C. 四角钥匙　　D. 三角钥匙　　E. 棉抹布　　F. 活扳手

三、制订计划	成绩：

1. 根据司控器调试作业要求，制订计划

序号	作业项目	操作要点
1	检查司控器机械性能	选用正确的工具
2	测试手柄不同位置时 TCMS 级位显示	将手柄置于不同位置、查看对应显示
3	判断手柄不同位置时输出电压的显示	将手柄置于不同位置、查看对应显示
计划审核	审核意见： 　　　　　　　　　　　　　　　　　　　　　　年　　月　　日　签字：	

2. 请根据作业计划，完成小组成员任务分工

操作人		记录员	
监护人		展示员	
作业注意事项			

① 作业时，注意佩戴个人防护装备。
② 涉及列车作业，列车端部挂好禁动牌。
③ 作业完毕后，清理现场。

检测设备、工具、材料			
序号	名称	数量	清点
1	禁动牌	1个	□已清点
2	主控钥匙	1把	□已清点
3	四角钥匙	1把	□已清点
4	三角钥匙	1把	□已清点

四、计划实施	成绩：

1）起动车辆。

	使用什么工具打开司机室电气柜	□三角钥匙　　□四角钥匙
	按下什么按钮起动车辆	□蓄电池投入　　□空压机起动

2）检查司控器机械性能。

	按动司控器警惕开关，要求	□动作迅速	□无异常卡滞
	检查方向手柄工艺盖安装是否牢固无丢失	□是	□否
	检查警惕蜂鸣器是否鸣响	□是	□否
	司控器操作的联锁逻辑是		
	钥匙开关、方向手柄、牵引制动手柄有无卡滞现象	□有	□无

3）检查司控器与 TCMS 通信。

	是否将司控器钥匙打到开启位置	□是	□否
	是否将方向手柄打到向前或者向后	□是	□否
	检查 TCMS 运行界面显示的列车头尾及其方向建立有无异常	□有	□无
	操作司控器手柄的不同级位，检查 TCMS 界面级位显示有无异常	□有	□无
	手柄置于不同位置对应显示关系是什么	牵引位为____；中立位为____；常用制动位为____；快速制动位为____；紧急制动位为____	

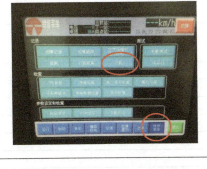	是否选择 TCMS 界面维修菜单接口信号单元1、单元2的模拟指令	□是 □否	
	是否检查司控器手柄在牵引、制动位置时数字指令显示	□是 □否	
	手柄置于不同位置对应显示关系是什么	司控器处于牵引位置时 P_MC 显示为____，其余位置为____；司控器处于制动位置时 B_MC 显示为____，其余位置为____	
	是否选择 TCMS 维修菜单接口信号单元1、单元2的模拟指令	□是 □否	
	在牵引制动手柄不同级位时检查 PBMC 显示是否正常	□是 □否	
	手柄置于不同位置对应显示关系是什么	RB：____ V；B_{max}：____ V；B_{min}：____ V；N：____ V；P_{min}：____ V；P_{max}：____ V	

五、质量检查   成绩：

请实训指导教师检查本组作业结果，并针对实训过程出现的问题提出改进措施及建议。

序号	评价标准	评价结果
1	正确选用工具，进行司控器各项机械性能检查	
2	正确进行司控制 TCMS 级位测试	
3	正确进行司控器输出电压测试	
综合评价	☆ ☆ ☆ ☆ ☆	

六、评价反馈	成绩：

请根据自己在课堂中的实际表现进行自我反思和自我评价。

自我反思：_____
_____
_____
_____
_____
_____

自我评价：_____
_____
_____
_____
_____
_____

实训成绩单

项目	评分标准	分值	得分
接收工作任务	清楚本小组生产任务、小组内的生产分工、作业完成时间节点	10	
信息收集	检修场地准备充分，检修设备或工具准备齐全，材料准备齐全	10	
制订计划	计划制订有效、完整	10	
计划实施	正确选用工具，进行司控器各项机械性能检查	10	
	正确进行司控制TCMS级位测试	20	
	正确进行司控器输出电压测试	20	
质量检查	司控器是否按章调试，是否做了防护；现场是否整理；作业记录表是否按时填写	10	
评价反馈	自我反思是否客观，深刻	5	
	操作技能是否掌握，熟练	5	
得分（满分100）			

实训 5.2 制动自检作业

学院		专业	
姓名		学号	
小组成员		组长姓名	

一、接收工作任务　　成绩：

　　601 车已经入库准备进行制动自检作业，工班长组织班组全员熟悉该车制动自检作业流程、内容。按制动自检作业计划，制动自检作业包含有：按下蓄电池按钮起车，起动 SIV；司控器手柄放置在制动位；检查列车紧急制动；检查停放制动均未施加等作业内容。工班长根据作业项目对班组人员进行分工，两人一组按照操作要点对以上作业任务开展作业。

二、信息收集　　成绩：

1. 检修场地准备
1) 工作场地应一直保持_____。
2) 股道带有_____。
3) 确认列车处于_____状态。
2. 检修设备或工具准备
1) 作业人员正确穿戴_____。
2) 作业人员着工装、_____及_____。
3) 作业人员戴未被坏损的_____。
3. 材料准备
1) 检查时，挂好_____，红闪灯。
2) 巡视列车四周，确认列车状态正常。
4. （多选题）进行制动自检作业需要使用的工具包括（　　）。
A. 三角钥匙　　B. 司控器钥匙　　C. 作业记录表　　D. 四方钥匙　　E. 棉抹布　　F. 活扳手

三、制订计划　　成绩：

1. 根据制动自检作业要求，制订计划

序号	作业项目	操作要点
1	投入蓄电池，起动车辆	选用正确的工具，按照流程操作
2	起动 SIV	按照正确的流程进行操作
3	司控器手柄放置在制动位	作业流程正确，动作标准
4	检查列车紧急制动	作业流程正确，熟悉检查标准
5	检查停放制动均未施加	作业流程正确，熟悉检查标准

计划审核	审核意见：
	年　月　日　签字：

2. 请根据作业计划，完成小组成员任务分工

操作人		记录员	
监护人		展示员	

作业注意事项

① 作业时，注意佩戴个人防护装备。
② 涉及列车作业，列车端部挂好禁动牌。
③ 作业完毕后，清理现场。

检测设备、工具、材料

序号	名称	数量	清点
1	禁动牌	1个	□已清点
2	主控钥匙	1把	□已清点
3	三角钥匙	1把	□已清点
4	作业记录表	1份	□已清点

四、计划实施　　　　　　　　　　　　　成绩：

1）起动车辆。

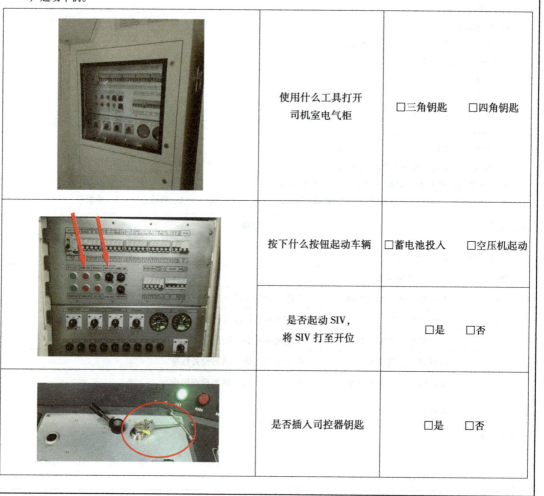	使用什么工具打开司机室电气柜	□三角钥匙　□四角钥匙
	按下什么按钮起动车辆	□蓄电池投入　□空压机起动
	是否起动SIV，将SIV打至开位	□是　□否
	是否插入司控器钥匙	□是　□否

2）空压机打满风。			
		是否起动空压机	□是　□否
		制动自检前，打风至压力值为多少	＿＿＿kPa

3）确认列车状态。			
		确认列车有无施加紧急制动、停放制动	□有　□无
		是否将司控器手柄打至惰行位或制动位	□是　□否

4）进入维修界面。			
		是否进入 TCMS 维修界面	□是　□否
		是否单击测试按钮	□是　□否

5）自检操作。

	是否单击左下角"制动系统自检"按钮	□是　□否
	制动系统开始自检，白框内显示内容是什么	

6）自检成功。

	自检成功后，白框内显示内容是什么	
	是否将司控器恢复0位，拔出钥匙，关闭SIV，关闭蓄电池	□是　□否

五、质量检查	成绩：

请实训指导教师检查本组作业结果，并针对实训过程出现的问题提出改进措施及建议。

序号	评价标准	评价结果
1	按照正确流程启动车辆	
2	按照正确流程启动SIV	
3	确认车辆供风状态，确认车辆制动状态	
4	按照流程进入维修界面，开始系统自检	
5	自检完成，按照流程恢复车辆状态	
综合评价	☆ ☆ ☆ ☆ ☆	

六、评价反馈	成绩：

请根据自己在课堂中的实际表现进行自我反思和自我评价。

自我反思：_____
_____
_____
_____
_____
_____

自我评价：_____
_____
_____
_____
_____
_____
_____

实训成绩单

项目	评分标准	分值	得分
接收工作任务	清楚本小组生产任务、小组内的生产分工、作业完成时间节点	10	
信息收集	检修场地准备充分，检修设备或工具准备齐全，材料准备齐全	10	
制订计划	计划制订有效、完整	10	
计划实施	按照正确流程启动车辆	10	
	按照正确流程启动SIV	10	
	确认车辆供风状态，确认车辆制动状态	10	
	按照流程进入维修界面，开始系统自检	10	
	自检完成，按照流程恢复车辆状态	10	
质量检查	制动自检是否按章作业，是否做了防护；现场是否整理；作业记录表是否按时填写	10	
评价反馈	自我反思是否客观，深刻	5	
	操作技能是否掌握，熟练	5	
得分（满分100）			